歴史文化ライブラリー

478

海底に眠る蒙古襲来

水中考古学の挑戦

池田榮史

吉川弘文館

目　次

蒙古襲来

鷹島二号沈没船の調査

水中考古学とは——プロローグ

1　水中考古学とは

元軍船の発見

平成二三（二〇一一）年一〇月一一日、私は長崎県松浦《まつうら》市鷹島《たかしま》の南海岸から二〇〇㍍ほど沖合に位置する水深約二三㍍の海底に潜水していた。鷹島南海岸を含む伊万里《いまり》湾一帯は蒙古《もうこ》襲来（元寇《げんこう》）の舞台の一つであり、弘安四（一二八一）年に起った弘安の役の際には総数四四〇〇艘とされる元軍船の多くが暴風雨によって沈没したとされる海域である。

この日の伊万里湾は心地よい秋風が吹いており、水中調査を行うには気持ちのよい天候であった。晴天の空から注ぐ陽射しは暖かく、調査船に乗り合わせた関係者の話題も弾む。これが雨天の日であれば、雨水の冷たさに皆一転して無口となり、海底で作業を進める作業ダイバーへ圧縮した空気を送るコンプレッサーの回転音と海面を打つ雨音だけが調査船上を満たすことになる。この時期の伊万里湾の海水温は二〇度前後と暖かいが、一一月に近づいた気温は日に日に冷たさを増していた。

　伊万里湾内の海底には周辺の陸地から流れ込んだ泥土が厚く堆積しており、海底面近くでは軟らかく、掘り下げるにつれて少しずつ硬さを増す。基本的には粒子の細かいシルト質の泥土であり、部分的に貝殻層や砂層が分布する。伊万里湾内の泥土の堆積速度はおおよそ一〇〇年間で一〇センチとされていることからすれば、約七四〇年前となる一二八一年に起こった蒙古襲来の頃の海底面には約七〇センチ前後の泥土を掘り下げれば到達するはずである。しかしながら、海底の泥土は掘り下げると濁りとなって巻き上がり、海底面近くを浮遊する。泥土の濁りがひどくなると調査地点周辺の視界は五〇センチ以下の状態となり、水中眼鏡のすぐ先にあるものも見えなくなる。こうなると発掘作業に従事する作業ダイバーは視覚よりも手触りの感覚に頼りながら掘削作業を進めざるを得ない。このため、ここ数日の間、潜水作業に従事していた作業ダイバーからはある深さに達すると一面に木材が並んでいるようだという報告が寄せられているにもかかわらず、確認のために何度か潜水した私も全体の広がりをほとんど目にすることができない日々が続いていた。

　そんななか、海上の風向きと潮の流れが味方したのか、この日ばかりは濁りが流れ去り、水中発掘を進めていた一〇メートル×一〇メートル範囲の調査区全体が一望できる状態となった。この

図1　鷹島1号沈没船（竜骨と外板）

ことを伝える海底作業中の作業ダイバーからの連絡を受け、急いで潜水した私の目の前に木材や磚《せん》（レンガ）が少しずつ見えてきた。目を凝らすと、調査区のほぼ中央には東西方向に伸びる幅約五〇チセンの竜骨《りゅうこつ》（船底中央の木材）があり、その南北両脇に整然と並ぶ外板《がいはん》（船底材）、およびその上に散乱する大量の磚の山がはっきりと姿を見せたのである（図1）。長年におよぶ鷹島海底遺跡調査のなかで、蒙古襲来の際の元軍船に初めてたどり着いたことを確信した瞬間であった。潜水を終え、浮上した海面から調査船を見ると、そこには長年の調査を経て元軍船を発見した調査参加者の喜びと安堵に溢れる満面の笑顔の花が咲いていた。

水中遺跡とは

鷹島海底遺跡は文字通り、海底に埋もれた遺跡である。このような常時、水面下に存在する遺跡のことを水中遺跡と呼び、水中遺跡を調査・研究する考古学を水中考古学という。

では、鷹島海底遺跡のような水中遺跡はどのようにして形成されるのだろうか。いうまでもないが、人は基本的に陸上で生活している。しかし、人は海とまったく関係のない生活を送っているのではなく、陸地に接する海、さらには河川、湖沼などを魚や貝類、海草などの食料を獲得する採集地、あるいは遠方へ移動の際の通路として利用してきた。海や河川、湖沼は人にとって多くの恵みを与えてくれる存在だったのである。このことからすれば、海や河川、湖沼などの水中にはこれと関わった過去の人々の生活の痕跡がさまざまな形で残っているはずである。

その可能性が考えられるものの一つに氷河期の遺跡があげられる。現在と異なり、約一万年前までの地球は氷河期と呼ばれる寒冷化した環境にあった。氷河期の地球では北極や南極だけでなく、中緯度地域までが氷に覆われていたとされる。このような現象が起こるのは地表面に降り注いだ雨水の多くが氷として陸上に蓄えられることによる。陸上に蓄えられる氷の量が増えれば、必然的に海へ注ぐ河川の水量が減り、次第に海水面の下降が起こる。その結果、氷河期最盛期の海水面は現在よりも一五〇㍍《メートル》ほど低かったと考えられている。このことからすれば一万年よりも前の人類が残した遺跡のなかには、氷河期の終了後に上昇した海水面の下に沈んだ遺跡もあることが十分に考えられるのである。

また、地球では火山活動を含む地殻変動が絶えず起こっており、陸地が上昇したり下降したりする現象も珍しいことではない。海底下にあった火山が噴火して溶岩を噴出し、島へと発達する姿は二〇一四（平成二六）年以降小笠原諸島西之島で進行中である。逆に大分県瓜生島《うりゅうじま》のように地震によって陸地が一気に海面下に沈降したという伝説を持つ島もある。これらからすれば、かつては陸上にあった人の生活の跡がさまざまな要因で海水面下あるいは湖水面下に沈降することは決してあり得ないことではないのである。

さらに、日本列島は周りを海に囲まれているため、人の移動や物資の移送には海や河川、湖沼を利用した水上運送が広く行われてきた。弥生文化成立の大きな要因となった米作り技術や金属器は韓半島《かんはんとう》（朝鮮半島）から対馬《つしま》海峡を越えて伝えられ、古代の遣隋使《けんずいし》や遣唐使《けんとうし》は東シナ海を渡って日本と中国との間を往復した。また、大阪と京都を結ぶ淀川《よどがわ》の水運、滋賀県琵琶湖や茨城県と千葉県の境に位置する霞ヶ浦《かすみがうら》を利用した湖沼の水運などは中世から発達していたことが知られている。近世には北海道や東北地域と関西を結ぶ海上交易路として北前船《きたまえぶね》航路が開発されるなど、水上航路を利用した往来の具体例は枚挙にいとま

図2　開陽丸現況確認潜水調査（手前は筆者）

がない。海や河川、湖や沼は日本列島内、さらには日本列島と海外とを結ぶ交易や交流を支える重要な通交路だったのである。

これらの海運、水運において、船舶の運航は安全であることが前提であることはいうまでもない。しかし、なかには水難に見舞われ、遭難した船の記録も数多く存在する。あるいは海上や湖上で行われた戦闘の記録も多くのこされており、その際に沈んだ船舶もある。そのような例として、蒙古襲来の際の元軍船が遭難した鷹島海底遺跡や北海道江差《えさし》町の江差港沖合で確認された旧江戸幕府軍艦開陽丸《かいようまる》（図2、江差町教育委員会一九八二）、和歌山県串本《くしもと》町の沖合で調査されたトルコ軍艦エルトゥール号などがある。あるいは関門《かんもん》海峡壇《だん》ノ浦《うら》で行われた源平合戦の際の船舶や武器、甲冑《かっちゅう》などが海底に沈んだ状態で確認されることがあれば、これも記録に残された史実を裏付ける水中遺跡例となる。また、戦艦「大和《やまと》」や「武蔵《むさし》」など太平洋戦争中に沈んだ旧日本海軍軍艦などは近代の戦争によって生じた沈没船例である。これを含めて、日本ではアジア太平洋戦争中の空中戦や特攻攻撃によって海や湖沼に墜落した航空機なども将来的には水中遺跡の一つとして扱うべきかもしれない。

このような海難事故や戦闘による船舶の沈没例だけではなく、海や河川、湖沼を利用した水上航路の発達は運航に携わる船舶の安全を祈願するための信仰や祭り（祭祀）を生み出した。各地に残る海神や水神を祀る神社、あるいはそこで行われるさまざまな祭礼の存在はこれを示すものである。これらの信仰や祭り（祭祀）では海や河川、湖沼に対して農産物や魚貝類などの食物、これらを入れた陶磁器、あるいは紙や木材を用いた作り物、鏡や貨幣のような金属製品など、さまざまな供え物（斎物《さいもつ》）を奉じることがある。これらの供え物が長い間に水面下で蓄積して残る場所があれば、これもまた水中遺跡となる。

このようにしてみると、我々の身の回りにはさまざまな水中遺跡が存在しているのであり、決して日常生活と無縁な存在ではないことが知れる。

これらの水中遺跡の調査研究を行う考古学の研究分野が水中考古学である。考古学では建物や墳墓など人が地上に残した構造物を遺構、そこで使用したさまざまな道具や食料となった動物の骨や貝殻などを遺物と呼ぶ。これらが存在する場所が遺跡であり、先に述べた通り、常時水面下にある遺跡の場合には水中遺跡となる。

水中考古学とは

水中遺跡のなかでも水深が浅い海域や河岸、湖畔の遺跡であれば、水面からのぞいた観察によって、あるいは水中眼鏡を用いた素潜りによって遺跡の内容を確認することができる。また、これら浅い水域の遺跡の場合には矢板《やいた》を打って囲み、中にたまった海水や淡水を汲み出して陸地化し、通常と同じ考古学的調査を実施することも可能である。しかし、矢板を打って陸地化する場合、水深が深くなるにつれて矢板にかかる水圧は大きくなる。この水圧に耐えるには、水深が増すごとに矢板を支える支持梁《しじばり》などの設備をより大がかりなものにせざるを得ない。このこともあり、水深二～三《メートル》を超えた水中遺跡の場合には矢板で陸地化して調査を行うことはほとんどない。潜水器具を装着し、水中環境下での調査を実施する水中考古学的調査研究が一般的となる。

水中考古学について英語では「Underwater Archaeology」と表記し、中国ではこれを「水下考古学」と訳している。同じ漢字文化圏である韓国では日本と同じ「水中考古学」

が一般に用いられている。英語の語意をそのまま訳するのであれば、中国語訳の方が原意に近いかも知れない。

水中の遺跡を対象とする水中考古学の歴史は二〇世紀後半に進んだ潜水器具の発達とその一般化が大きく関係している。そのきっかけとなった潜水器具は第二次世界大戦末期のフランス海軍で開発された。これを担当したのは後に海洋研究者として知られるジャック・イブ・クストー大佐とガレオン技師である。二人は現在ではアクアラングの呼び名で知られる潜水攻撃を目的とした潜水器具を開発した。第二次世界大戦後、アクアラング潜水器材は軍事的目的だけではなく、海洋土木工事やレジャーダイビングなどの平和的な目的の水中作業に広く用いられるようになった。そして、水中遺跡の調査にも導入され、水中考古学が誕生したのである（荒木一九八五）。

ヨーロッパにおける水中考古学の発展

アクアラング潜水機材を利用し、水中での考古学的調査を初めて行ったのは発明者の一人であるクストーである。クストーは一九五一～五七年にかけてフランスマルセイユのリウ島沖合グラン・コグリエで紀元前二世紀頃に位置付けられる沈没船二艘の調査を行っている。

この調査に続き、一九六二～六四年にはデンマークのロスキレ近郊スクルセレブの沖合海底でバイキング船の調査が実施された。この調査では水中考古学的調査と一部の海域を

図3　デンマークバイキング博物館

陸地化した調査が行われている。発掘された五艘のバイキング船は調査をきっかけとして設置された博物館（図3）に展示されており、バイキングの歴史や彼らが用いた船の構造を知らしめる役割を果たしている。クストーによるグラン・コグリエでの調査やバイキング船の調査は海底に沈んだ沈没船に対する高い関心から行われた調査であった。

これに対して、潜水器材を本格的な考古学研究の世界に持ち込んだのはアメリカの考古学研究者であるジョージ・F・バス博士である。バス博士は一九六〇年にトルコ西南部ケープ・ケラドニアで見つかった紀元前一二〇〇年頃の沈没船調査を行い、その後一九八四〜九四年には同じくトルコのウルブルン沖での沈没船調査を行った。そして、調査で出土した遺物の分析をもとに青銅器時代の地中海交易を担っていた人々が現在のシリア・パレスティナ系の人々であったとする理解論を発表した。バス博士による研究が発表されるまで、多くの考古学研究者は青銅器時代の地中海交易の担い手はミケーネ文明を生み出したギリシャ系の人々であると考えていたが、バス博士による水中考古学の研究成果はこれを大きく改めることとなった。そして、このことが水中の沈没船や遺跡を手がかりとして人類の過去の活動を考察し、復元する水中考古学研究の有効性を世界に知らしめることにもなったのである。

なお、現在、ヨーロッパを中心とする研究者の間では水中考古学をさらに細かく分け、調査対象となることの多い沈没船の構造や建造技術に関する分野を船舶考古学（Nautical Archaeology）、沈没船の積荷を主な検討対象とする分野を海事考古学（Maritime Archaeology）に分けることが行われている。最近では潜水機器と音波探査機器の発達によって調査が可能となった深海域の沈没船を対象とする深海考古学（Deepwater Archaeology）も新たに提唱されているという（木村純二〇一八）。

日本における水中考古学研究の始まり

日本における本格的な水中考古学研究は北海道江差港に沈んだ開陽丸の調査に始まる。開陽丸は江戸幕府がオランダに発注した軍艦であり、一八六六（慶応二）年オランダで進水し、翌年日本へ回航された。一八六八年四月江戸城が無血開城された際、榎本武揚《えのもとたけあき》らの旧幕府海軍関係者は開陽丸を含む軍艦の明治新政府への引き渡しを拒否し、東京湾から太平洋沿岸を北上して北海道へ逃避した。榎本らは各地で収容した旧幕府関係者とともに箱館五稜郭《ごりょうかく》を拠点とし、北海道の制圧を進めた。その過程で江差港の攻撃へ向かった開陽丸は暴風波に遭って座礁し、沈没したのである。

一九七四（昭和四九）年、江差町教育委員会は開陽丸の沈没地点海域を埋蔵文化財包蔵地として周知化し、翌七五年から日本の水中考古学研究のパイオニアである荒木伸介さんを海底調査員に迎えて、開陽丸の水中発掘調査を実施した。この際、海底に一〇㍍《メートル》区画の調査区を設定したうえで、海底に設置したホースに空気を送り込みその浮力を利用して泥土を海上へ運び上げるエアーリフトのほか、水圧で泥土を掘り下げる高圧ジェット噴射機、水中サンドポンプ、浚渫《しゅんせつ》用バケットなどさまざまな機材を用いて海底に堆積した泥土を取り除く発掘作業を試みた。これにより凹地（エンカマ）内に残った船体や遺物を露出させ、実測や写真撮影を行った後に遺物の一部については引き揚げを行っている。引き揚げ

図４　北海道江差町復元開陽丸

られた遺物には大砲五門、砲弾約二五〇〇発をはじめとする兵器、船具、日常生活用具である金属器や繊維製品、皮革製品など約三万点があり、それぞれの素材に応じた保存処理が施された。これらの出土遺物の多くは江差港内に設けられた開陽丸青少年センターが管理する復元した開陽丸船内で展示公開されている（図４、財団法人開陽丸青少年センター一九九〇）。

開陽丸の水中発掘調査では発掘調査手法だけではなく、遺物の保存処理を含めてさまざまな実験的作業が行われており、その後の日本における海底遺跡発掘調査の手本となった。また、開陽丸を建造したオランダの造船所に残されていた設計図などの資料調査を行うとともに、開陽丸の建造とその後の運航に関わる経緯についても明らかにした。これらの点において、開陽丸の調査は水中考古学の有効性を日本社会に知らしめる役割を果たした。そして、その影響はそれまで水中考古学の存在がそれほど知られていなかった中国や韓国をはじめとするアジア地域にも及んだのである。なお、開陽丸は防波堤によって二分された外洋側の船体が調査されたのみで、防波堤内側に残った船体の約三分の二は未調査のまま現地に残されている（江差町教育委員会一九八二）。

私と水中考古学との出会い

私は根っからの水中考古学研究者ではない。むしろ、否応無く、水中考古学の世界へ引き込まれたといったほうがよい。むしろ、「ついて行ったらこうなった！」のである。少し長くなるが、そのあらましを紹介しておく。

一九八四（昭和五九）年四月に私は琉球大学法文学部助手に採用されることが決まり、生まれて初めて沖縄の地に立った。右も左も分からない状態のなかでの沖縄暮らしの始まりであった。当時の琉球大学には考古学の講座がなかったことから、採用後は史学科史学専攻の助手として、考古学の基本的な授業を行うことが許された。その後、一九八九（平成元）年からは正式な教員として卒業論文の指導も担当できるようになったが、この時の学生の一人が水中考古学で卒業論文を書くことを希望したのが大きな契機となった。

熊本県天草《あまくさ》生まれの私にとって海は身近な存在ではあったが、あくまでも魚を釣ったり、泳いで遊んだりする場所であって、考古学研究の対象とすることはまったく考えていなかった。しかし、学生の希望がある以上、水中考古学分野での論文作成を拒否することはできない。そこで、とりあえず私自身が水中へ潜るダイビングのライセンスを取得し、水中考古学の基本技術を身につけることとした。当時の流行言葉《はやりことば》でいえば、「私を海に連れてって！」である。水中考古学で卒業論文を書くことを希望した学生のツテをたどって、数人の学生とともにダイビングスクールの講習を受けたのである。

しかし、日頃教員として振る舞っている人間が講習を受け、さまざまなダイビングの知識と技術を教わることには変な気負いが生じる。知らないことは素直に教えを乞い、できないことはできるようになるまで指導を受けて練習しなければならないのだが、一緒に講習を受ける学生の前では教員としての体面を繕いたいプライドも頭をもたげてくる。そこで、知らない知識はできるだけテキストを読んで理解し、できないことは人知れずお風呂で練習したりしながら、バレバレのプライドを繕って、なんとかレジャーダイビングのライセンスカードを取得した。一九八九年一一月のことである。

現場へ

ダイビングライセンスの講習を受けた方はご存知のことであるが、講習では室内プールでのトレーニングの後、実際の海に潜って仕上げを行う。だが、これはあくまでも講習の一環であり、ライセンスを取得したからといって誰もがすぐに海でのダイビングが上手くできるわけではない。これについては自動車運転免許取り立ての人の運転を思い起こしてもらえばわかりやすいと思う。

しかし、私の場合、卒業論文を水中考古学で書きたい学生の意図するところを早く理解したかったこともあり、ライセンス取り立ての状態で水中考古学の現場に向かうこととなった。最初に潜った現場の一つが沖縄県北谷《ちゃたん》町砂辺海岸沖合に沈んだインディアン・オーク号である。インディアン・オーク号は英国東インド会社の商船で、台風のため一八四〇(天保一一)年八月に現在の北谷町白比川《しらひがわ》河口にあるリーフ(珊瑚礁)に座礁し沈没した。一九八四(昭和五九)年に北谷町教育委員会が地元ダイバーの協力をへて調査を行ったが、遺物の散布状況などは一般に公開されていなかった。もう一つは沖縄県読谷《よみたん》村長浜《ながはま》の海岸沖合で、琉球・沖縄史のグスク時代に構築された座喜味《ざきみ》城の交易港と想定されている場所である。前者は砂地を掘り下げた後の濁りがひどく、視界がほとんどない状態のなかで、後者は海岸から急斜面をなして深くなる入江の斜面で深度を保ちながら横移動を繰り返して、遺物を探す作業を行った。潜水するのもおぼつかないダイビング初心者の状態で実際の作業を進めながら、これは大変な分野に手を出してしまったと後悔するとともに、何だか新しい研究分野が広がりそうな予感を覚えたのも事実であった。

鷹島での初期調査

私たちの研究チームが元軍船を発見することとなる鷹島には大小含めていくつかの港がある。その一つである鷹島南海岸の床浪《とこなみ》港では一九八三（昭和五八）年から改修工事が行われており、その仕上げとして離岸堤の設置が計画され、工事に先立つ緊急発掘調査が一九九二（平成四）年に実施された。後で詳しくふれるが、この時の調査では海面下約二〇メートル《メートル》の海底堆積層中から縄文時代前期の押型文土器や曽畑《そばた》式土器が大量に出土している。続いて、一九九四年にはやはり南海岸に位置する神崎《こうざき》港でも離岸堤を設置する計画が立案され、建設予定水域での緊急水中発掘調査が開始されることとなった。神崎港は後で詳しく紹介する「管軍総把印」が採集された場所であり、発掘調査ではさまざまな蒙古襲来関係遺物の出土が予測された。

これらの緊急発掘調査の際、遺跡を管理する鷹島町では調査を担当できる専門職員を配置していなかったことから、開陽丸の調査を担当した荒木伸介先生（ここでは荒木先生とする）を委員長とする調査指導委員会を設置して調査を進めていた。床浪港と神崎港双方の調査の見学に出向いた私はここで初めて荒木先生に接する機会を得て、水中考古学に関するさまざまな話をうかがった。また、その後、ことあるごとに先生とお目にかかり、次第に水中考古学の世界に親しんでいくことになる。

水中考古学の先達との出会い

荒木伸介先生について、私はそれほど詳しく知っているわけではない。というのも、初めての出会いが鷹島海底遺跡であり、しかもその頃先生はすでに六〇歳近くであったため、お目にかかる以前のことはほとんど知らないのである。東京教育大学（現、筑波大学）を卒業した後、明治大学大学院で建築史学を学び、それが縁で奈良国立文化財研究所に入所したものの、肌に合わなくて一年で退所したという話は本人からお聞きした。ただ、奈良国立文化財研究所では後に所長となる坪井清足さんたちに可愛がられ、退所後も同研究所が関係した岩手県平泉《ひらいずみ》毛越寺《もうつうじ》や中尊寺《ちゅうそんじ》などの調査を委託されたという。また、その縁で平泉郷土館館長に就任されていたこともある。

水中考古学に関わるきっかけとなるダイビングについては、東京教育大学在学中に米軍基地内でのプール監視員のアルバイトをした際に米兵から誘われ、潜水技術を習得したとのことである。このダイビングの経験と奈良国立文化財研究所とのつながりが一九七五（昭和五〇）年から開始された北海道江差港での開陽丸調査に際して、荒木先生が調査員として参加する下地となる。開陽丸の調査は建築学を学び、平泉毛越寺や中尊寺の考古学的調査に携わった荒木先生の経験を水中考古学の分野に持ち込む実践の場となり、これによって先生の水中考古学に対する考え方（理念）と調査手法が形成されたと考えられる。すなわち、水中考古学は考古学の一分野であり、遺跡が陸上と異なる水中という環境に存在することが異なるだけである。したがって、水中考古学発展のためには考古学研究者が自ら水中遺跡の調査を行う技術を備えること、またその成果については船舶工学や歴史学、保存科学などを含めて総合的に研究することを荒木先生は求めていたのである。

水中考古学については海に潜って宝物を探すトレジャーハンターのイメージが一般的に強く、水中で何かを見つけることに目的があるように思われている。荒木先生はこれを憂い、水中考古学が考古学研究の分野学として、また水中遺跡が文化財行政の対象として、しっかりした位置付けを得ることを目指していた。ただし、今日でもほぼ同様であるが、当時の日本では水中考古学を専門として研究できる人材を雇用する社会的環境は整っていなかった。私は荒木先生の水中考古学に対する考え方と将来展望を聞くなかで、自分にできることは手伝わなければならないと思い、次第に先生と行動をともにすることになった。それは先生の水中考古学に対する理念とともに、先生の自由人的生き様と人柄についての尊敬とある種の憧憬《どうけい》を抱いたことが大きい。この時、荒木先生にお目にかかっていなければ、私は水中考古学の世界に深い関わりを持つことはなかったに違いない。不思議な人の縁である（図5）。

図５　鷹島海底遺跡調査風景（右端・荒木伸介先生）

鷹島海底遺跡との関わり

一九九四（平成六）年の神崎港の調査では調査最終段階に入って大型木製椗《いかり》が検出され、大きな問題となった。このため、鷹島町教育委員会と港湾工事を計画した建設省田《た》平《びら》土木事務所との間の協議が行われ、調査期間を一九九五年度まで延長することが決定された。延長された調査では大型木製椗一門の周辺から小型木製椗三門が検出され、結果的に四門の木製椗が見つかった。これらの木製椗にはそれぞれ二石の椗石が装着されており、これまでに博多湾などで確認されていた一石作りの椗石とは異なる作りであることが広く知られることとなった（図49参照）。その後、鷹島海底遺跡で出土することの多い二石作りの碇石は「鷹島型碇（椗）石」と呼ばれることとなる（これまでのさまざまな論文では「いかり」に「碇」の文字を当てているが、鷹島海底遺跡の報告書では「椗」の文字を用いているため、ここではこれにしたがった）。

また、この調査の報告書は鷹島町教育委員会から刊行されたが、鷹島町には考古学の専門職員がいなかったため、調査指導委員会や調査中に関わった研究者が手分けをして報告書の作成に関わらなければならなかった。そのなかで、私は出土した木製椗についての報告を担当することとなり、鷹島海底遺跡との本格的な関わりが生まれることになったのである。

鷹島海底遺跡と調査の歩み

鷹島海底遺跡

遺跡の位置

蒙古《もうこ》襲来（元寇《げんこう》）の舞台となった伊万里《いまり》湾は長崎県と佐賀県の県境に位置する。東西約一二キロ、南北約七キロの広さがあり、湾奥にある伊万里市は近世日本の対外貿易品として世界的に有名な伊万里焼の積出港として知られる。伊万里湾から外洋へ出るには湾口を塞ぐように点在する島々の脇を抜ける水路を通らなければならない。なかでも最大の島である鷹島《たかしま》の東西両脇の水路は現在も外洋から伊万里湾へ出入りする際の中心的水路となっている（図6・7）。また、伊万里と同様に湾内にある松浦《まつうら》は中世段階からこの地域で活動した松浦党の呼び名ともなっており、伊万里湾は松浦党の主な活動拠点だったことが知れる。

伊万里湾湾口に位置する鷹島は『蒙古襲来絵詞《えことば》』に島名が書かれており、二度目の蒙

図６　空から見た伊万里湾と鷹島

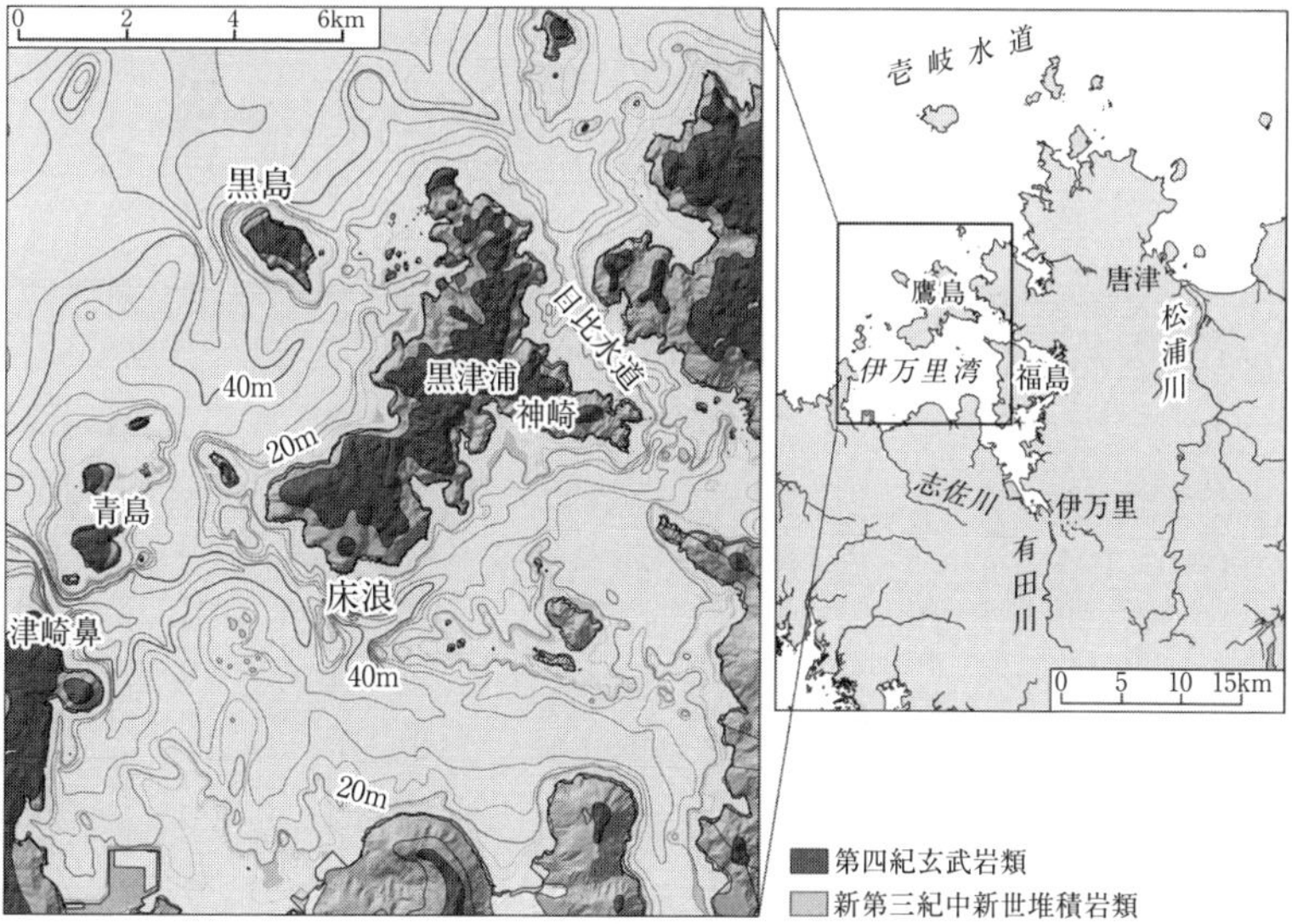

図７　鷹島位置図（楮原京子作成，池田編『科研費調査研究報告書』第３冊，2016）

古襲来である弘安の役の際には、暴風雨にあって船を失い、かろうじて鷹島に避難した元軍に対して鎌倉幕府軍が掃討戦を挑んだ記録が残されている。また、鷹島には蒙古襲来の際の出来事に関わる言い伝えやこれにまつわる場所も多い。このほかに鷹島の南海岸では多くの中国陶磁器の破片が拾えることや、沖合の海底からは漁師の網に掛かって「元寇《げんこう》壺《つぼ》」と呼ばれる中国陶磁器が引き揚げられることも以前から知られており、地元ではここが蒙古襲来の舞台であることは自明のことであった。

調査の始まりと遺跡の周知化

鷹島が蒙古襲来関連遺跡の所在地として全国的に知られることになったのは、一九八〇（昭和五五）年から三年間にわたって採択された科学研究費特定研究「古文化財に関する保存科学と人文・自然科学」（研究代表者江上波夫）による調査の実施である。この研究の一分野には「水中考古学に関する基礎的研究」（研究代表者茂在寅男）が含まれており、鷹島南海岸で音波探査装置と潜水によって遺跡を調査する水中考古学による共同研究を行っている。茂在さんは海洋工学が専門であり、音波探査装置の開発に関わっていた。鷹島での調査が行われた一九八〇年代には日本でもレジャーダイビングが次第に広まり始め、考古学の分野でも水中遺跡を対象とする水中考古学調査が開始されていた。そこで、茂在さんは自らが開発に関わってい る海底地形や海底資源の調査に用いる音波探査機器と、潜水調査を行う水中考古学を合わせた調査研究の対象として伊万里湾の蒙古襲来関連遺跡を選び、その解明を目指したのである。

この時の調査では元軍船の発見はできなかったものの潜水調査によって中国陶磁器が採集され、鷹島南海岸一帯は蒙古襲来に関する遺跡であることが広く知られることとなった。また、調査中の関係者のもとに鷹島南海岸につくられた港の一つである神崎《こうざき》港内の浜辺で潮干狩りをしていた地元民が採集した銅印が持ち込まれ、これがモンゴル軍の役職を示す「管軍総把印」であることが判明して大きな話題となった。そこで、これをきっかけとして鷹島の南海岸線約七・五キロの沖合二〇〇メートルの海域は一九八一年七月二〇日付けで文化財保護法に基づいた埋蔵文化財包蔵地である「鷹島海底遺跡」としての周知化が図られることになったのである。

遺跡周知化後の調査

周知化の後の鷹島海底遺跡では埋蔵文化財包蔵地に組み込まれた海域内で港湾工事が計画されるたびに緊急発掘調査が実施されることになった。また、遺跡を管轄する旧鷹島町（二〇〇六〈平成一八〉年一月一日松浦市と合併）と合併後の松浦市では遺跡の範囲や内容の把握を目的とした範囲確認調査を実施している。さらに鷹島海底遺跡の解明を目指した科学研究費などによる学術調査も継起的に行われた。

緊急発掘調査は一九八三（昭和五八）年と一九八八・八九（昭和六三・平成元）年、一九九二（平成四）年の床浪《とこなみ》港の改修および離岸堤の設置工事、一九九四・九五（平成六・七）年と二〇〇一・〇二（平成一三・一四）年の神崎港の改修および離岸堤の工事の際に行われた。前者の床浪港で行われた一九九二年の調査では離岸堤の建設予定海域にさまざまな調査機材をのせた台船《だいせん》（作業用の浮き台）を設置しての調査が行われた。その結果、中国陶磁器や磚《せん》（レンガ）などの蒙古襲来関係遺物とともに、海面下約二〇㍍の海底堆積層中から縄文時代前期の押型文土器や曽畑《そばた》式土器が大量に出土している。縄文前期土器の出土は当初の見込みとは異なるものであったが、約一万八〇〇〇年前の氷河期最盛期から後氷期に移行した後の伊万里湾沿岸地域では地殻変動があり、地表面の沈降が起こったことを示す発見となった。その理由については氷河期の終了に伴い、北極と南極を覆っていた氷河の重さが軽くなったことによって、その重さでやや楕円球形気味になっていた地球地表面では正球形に戻る力が働いた結果、膨らんでいた伊万里湾周辺の地表面が沈降したと理解されている。

後者の神崎港では一九九四・九五年にやはり台船を利用した調査が行われ、海底へ打ち込む碇《いかり》の歯の部分の長さが三・一五㍍に達する大型木製碇一門と小型碇三門が出土した。二〇〇一・〇二年の調査では神崎港の拡幅のための護岸工事予定地で元軍船の船材、冑《かぶと》や刀剣・鉄鏃《てつぞく》、球形土製品（『蒙古襲来絵詞』に「てつはう」と記載）、石球、青銅製飾金具、弓を含む漆製品など大量の遺物が出土した。これらの遺物の出土は以前に発見されていた「管軍総把印」とあわせて、神崎港の周辺が蒙古襲来関係遺物の集中する場所であることを改めて確認することにつながった。

旧鷹島町による分布調査は一九九二～二〇〇五（平成四～一七）年度までの間に断続的に進められ、神崎港周辺海域を中心とした潜水による視認および一部試掘調査が行われた。また、合併後の松浦市では二〇〇六～一〇（平成一八～二二）年に音波探査装置を用いた伊万里湾全域の海底地形図および地層断層図の作成を行った。この作業は後に述べる私たちの研究チームによる調査と連動するものである（図31参照）。

学術調査では茂在さんによる調査の後、一九八九（平成元）年から三年にわたる西谷正九州大学教授の科学研究費による調査が実施された（西谷一九九二）。また、文化庁でも一九九八（平成一〇）年に鷹島海底遺跡を対象として水中遺跡調査手法検討のための実験的調査を行っている（文化庁二〇〇〇）。しかし、これらの学術調査では水中遺跡に対する調査手法の開発に重きが置かれ、鷹島海底遺跡の内容を徹底的に解明することにはならなかった。

これまでの調査の問題点

学術調査

以上、紹介したように一九八〇年以降に鷹島海底遺跡で実施された継起的な調査は科学研究費などの補助金を受けた学術調査と、港湾工事を前提とする緊急発掘調査、遺跡を管理する鷹島町教育委員会および松浦市教育委員会による遺跡範囲確認調査があった。

このなかの学術調査では蒙古襲来の際に沈んだ元軍船団の実態把握を目的に掲げ、潜水による水中考古学的調査と音波探査装置を導入した海底探査の二つが試みられた。しかし、その結果はあまり芳しいものではなかった。その原因は事前の情報収集の不足と、音波探査装置を含む調査機器やこれらを用いた調査手法に対する盲信的な期待にあったと考えられる。

鷹島での学術調査が開始される前の鷹島海底遺跡に関する情報は東西約一二キロ、南北約七キロの広さがある伊万里湾中で、鷹島の南海岸とその沖合の海底からは蒙古襲来に関係すると考えられる遺物が多く得られているという地元の漁業者の情報や海岸での遺物採集情報であった。これがきっかけとなって鷹島海底遺跡での調査が開始されるが、学術調査では予算の問題もあって海底地形や堆積層に関する情報を徹底的に収集することを行わず、それまでに集められた遺物採集情報をもとにして調査の範囲を設定することが行われた。また、最初に導入された音波探査装置についても、本来は海底遺跡調査での有効性を見極める作業から始めなければならなかったにもかかわらず、いきなり現地調査に投入したうえで蒙古襲来関係遺物の発見を目指す調査が行われた。結果的に科学研究費を受けた学術調査では鷹島海底遺跡の内容や特徴を把握することよりも、限られた予算のなかでより多くかつ種類に富んだ蒙古襲来関係遺物を検出することに目的がすり替わってしまった。学術調査が陥りがちな成果主義が影響したのである。

緊急調査

日本の文化財保護法では遺跡が存在する場所で開発事業を計画する場合、事前に考古学的調査を行って開発事業計画地内に存在する遺跡の内容を把握することが必要となる。これは陸上でも水中でも同じであり、鷹島海底遺跡の場合には床浪港や神崎港の離岸堤設置や港湾改修工事が考古学的事前調査を必要とする開発事業にあたる。そこで、両港ではそれぞれの工事に先立った緊急調査が実施された。しかし、緊急調査は港湾工事を予定している海域のみを対象として調査を実施するのであり、範囲確認調査のように遺跡の広がりや内容の把握を調査の目的とはしない。いってみれば、広い史跡周知化海域のなかのごく限られた部分について、たまたま発掘を行うことになるのである。このため、調査中に検出した遺物から得られるさまざまな情報は蒙古襲来の際の元軍船と積み込まれていた武器や日常生活具についての理解を深めることについては大きな役割を果たしたものの、これによって鷹島海底遺跡の実態解明が図られたわけではない。遺跡の重要性を確認することに止まったのである。

陸上の遺跡でも広域に広がる遺跡の実態解明のためには、まず遺跡の範囲と遺物や遺構の内容を把握する遺跡範囲確認調査が行われる。このことからすれば、これらの緊急調査は鷹島海底遺跡の遺跡範囲確認調査の役割の一部を果たしたと考えてよい。また、緊急調査で出土した遺物にはさまざまなものがあったことから、これを見た多くの人々の鷹島海底遺跡に対する関心を呼び起こす効果があったことは充分に認めなければならない。

さらに、出土遺物は船体に使われた木材をはじめとする木製品、兜や鎧《よろい》、刀剣、矛《ほこ》、鏃《やじり》などの鉄製品、飾り金具や銭などの青銅製品、鎧や胡簶《ころく》（鏃を装着した矢を入れて持ち運ぶ入れ物）などに用いられた獣皮製品、漆器をはじめとする漆製品など、さまざまな素材と形態的特徴を持っていた。これらの遺物はそれぞれの素材や形状に適した保存処理が必要となるが、海底から得られたこのような遺物を保存処理した事例はこれまでほとんどなかった。この点において緊急調査で出土した遺物は保存科学研究分野に新たな研究課題を提供することにつながった。また、保存処理後の公開に際しては遺物の持つさまざまな情報が鷹島海底遺跡への社会的な関心を呼び起こすための展示や活用の手法を生み出すことにもなった。

鷹島町および松浦市による遺跡範囲確認調査

科学研究費による学術調査や床浪港での緊急発掘調査の成果は鷹島町教育委員会による遺跡範囲確認調査の実施にもつながった。この調査の目的は周知の遺跡とされた鷹島南海岸の延長七・五キ《キ》ロ《ロ》、沖合二〇〇メートル《メートル》の範囲について、遺物の分布状況を確認し、遺跡の内容を把握することにある。

しかし、鷹島町教育委員会には埋蔵文化財行政を担当する専門的技能を備えた人材がいなかったため、調査の立案や実施については学術調査や緊急調査の際の調査指導委員会に出席した関係者が主導する形で進められた。また、鷹島町教育委員会では調査に必要な予算の捻出を図ったが、財政規模の小さい市町村のなかでは埋蔵文化財関係の事業に振り向けられる予算額は限られていた。さらに、調査に対する責任の所在は曖昧《あいまい》であり、調査のたびに参加する関係者の力量に合わせた調査手法が採用された。この結果、年度ごとに調査海域を変えた潜水による視認調査や一部海域の試掘調査が行われることとなった。この結果、ここでも限られた予算のなかで元軍船を見つけることが目標に掲げられ、実際にはより多くかつ種類に富んだ蒙古襲来関係遺物を検出することに重きをおく学術調査と同様の傾向が生まれたことは否めない。

陸上の遺跡の場合、遺跡範囲確認調査ではまず遺跡があると思われる場所を歩き、地表面に落ちている遺物の内容や分布状況を確認し、遺跡の時期や分布範囲について一定の目安を立てる。そのうえで試掘を含む確認調査を行い、遺構や遺物の分布範囲と遺跡の内容を確定することが一般的である。海底遺跡の場合も同様の手順をとることが必要であるが、海底面で採集される遺物は潮流や波浪によって比較的移動しやすい。また、海底面の遺物は海底地形のなかでも谷や窪地《くぼち》になった部分に溜まりやすいことも一般に知られている。このことは海底遺跡の場合には海底面での遺物の採集位置は堆積層内に含まれる遺物の本来の位置や内容を正確に反映していない可能性が高いことを示しているのである。

さらに、陸上と異なり、海底では視界が限られるため、音波探査装置などの機器を用いない限り、遺物の採集地点の正確な座標を測定し、地図上に示すことが極めて難しい。海底面での遺物採集状況を任意の図面に記録したとしても、それは海底での遺物分布の見取り図をつくったに過ぎず、正確な座標上の位置を確認しているわけではない。遺物の位置を正確に記録し、また再び同じ位置に戻ることができるようにするという基本的な作業でさえも、海底遺跡調査では簡単ではないのである。

新たな調査の試み

そこで、二〇〇六（平成一八）年度から開始した松浦市と私たちの研究チームによる調査では、音波探査装置を用いて伊万里湾全域の海底地形情報と海底地質情報を取得する作業を開始した。これは初めに海底の地形と堆積層の情報を正確に把握することを目的としており、陸上の考古学でいえば地形と地層堆積状況を確認するという考古学的調査の基本に立ち返った作業であった。

この作業はこれまでの鷹島海底遺跡で試みられてきたさまざまな調査研究の反省を踏まえ、海底に沈んだ蒙古襲来の実態を明らかにすることを最終的な目的に掲げた私たちの研究チームの新たな挑戦の始まりであった。

蒙古襲来

蒙古襲来前夜

鷹島《たかしま》海底遺跡での調査研究に入る前に、これまでの研究を振り返りながら、蒙古《もうこ》襲来（元寇《げんこう》）について簡単にまとめておこう。なお、ここで参考にするさまざまな文献は鷹島海底遺跡についての研究を一緒に進めている九州大学教授の佐伯弘次さんたちがまとめた日本・中国・韓国に残る蒙古襲来関係史料の集成（佐伯二〇〇三、佐伯編『科研費調査研究報告書』〈文献史料編〉Ⅰ・Ⅱ・Ⅲ〈二〇〇九・二〇〇九・二〇一一〉）を参考にしている。

モンゴル（蒙古）の台頭

一〇～一三世紀のアジア社会では各地で大きな歴史的転換が起こった。中国大陸では九〇七年に唐《とう》が滅び、五代期をへて、九六〇年に宋《そう》が建国した。この間、現在の中国東北部では唐の滅亡と同時に契丹《きったん》（遼《りょう》）が建国するものの、契丹はその後一一一五年に興った

図８　内モンゴル上都遺跡（背後は宮城跡）調査（左から船田善之さん・著者・佐伯弘次さん・森平雅彦さん・後藤雅彦さん）

女真族《じょしんぞく》によって一一二五年に滅ぼされる。契丹を滅ぼした女真族は金《きん》を建国し、やがて宋にも軍事的圧力を加えた。そして、一一二七年には宋を揚子江《ようすこう》流域へと追いやって、中国中原《ちゅうげん》地域までを支配下においた。揚子江流域へ南下した宋（以後を南宋とする）は金との朝貢《ちょうこう》関係を結ぶことによって、共存を図った。しかし、一二〇六年にモンゴル平原でモンゴル（蒙古）が建国し、周辺への侵攻を図るなかで、一二三四年には金を滅ぼしてしまう。金を滅ぼして中国中原地域へ進出したモンゴルは南宋への圧力を強め、皇帝モンケは南宋攻略のために弟であるフビライを差し向けた。一二六〇年フビライは前年に亡くなった兄のモンケの後を継いでモンゴル皇帝となり、国号を元と改めるとともに王都をモンゴル平原のカラコルムから開平府《かいへいふ》（図8、現在の内モンゴル自治区の上都《じょうと》）に移した。その後、一二六七年には新たに大都《だいと》（現在の北京）を建設し、大都を正都《せいと》、上都を夏都《かと》とする両都制を始めるとともに、中国官人を多く登用して中国風の国家組織を整備した。その後、一二七〇年には国号を大元に改めるとともに、アジア地域全域の軍事的統合を強烈に押し進め、一二七九年にはついに南宋を滅ぼした。

韓半島（朝鮮半島）の情勢

一方、一〇世紀の韓半島《かんはんとう》（朝鮮半島）では新羅《しらぎ》が衰え、後百済《ごくだら》、後高句麗《ごこうくり》（後に、摩震《ましん》、泰封《たいふう》）の三国が分立する状況となった。その後、後高句麗のなかから九一八年に高麗《こうらい》が興り、泰封、新羅、後百済を吸収して、九三六年には韓半島を統一する。なお、この頃の韓半島北部から中国東北部および沿海州《えんかいしゅう》にかけては渤海《ぼっかい》があったが、渤海は先に上げた契丹によって九二五年に滅ぼされていた。

韓半島を統一した高麗は科挙《かきょ》制度を採用して両班《ヤンバン》（文官・武官）からなる官僚制度を構築し、国内諸制度を整えて国家体制の確立を図った。しかし、一二世紀に入ると中国東北部に興った女真族の侵攻や国内政情の乱れが起こった。この結果、文官を押さえた武臣《ブシン》

（武官）が台頭し、一一七三年からは武臣による執権《しっけん》政治が始まった。さらに一三世紀に入ると、一二〇六年に建国したモンゴルによる韓半島への軍事的圧力が強まったことから、高麗は一二三二年に王都を開京《ケギョン》から江華島《カンファド》へ移してモンゴルへの抗戦を続けた。しかし、長引く侵攻への対応に疲れた高麗は一二五九年にモンゴルとの講和を結ぶ。講和の後、高麗王高宗《ゴジョン》は皇太子倎《テン》を人質としてモンゴル皇帝の家政組織で親衛隊的役割を果たすケシクに送った。倎は翌一二六〇年高宗の死去に伴って帰国し、高麗国王元宗《ウォンジョン》として即位する。以後、高麗では皇太子をケシクに送り、モンゴル公主《こうしゅ》（皇帝の娘）を娶《めと》って駙馬《ふば》（娘婿）となり、前国王の逝去後に高麗へ戻って国王（駙馬高麗国王）となることが慣例化する。

　モンゴル（一二六〇年以降は元）との講和後、高麗国王はモンゴルの支援のもとに武官を排除した親政を目指す動きを進めたため、武臣執権と関係が深かった軍人組織である三別抄《サンビョルチョ》が一二七〇～七三年にわたって反乱を起こす。高麗は元に介入を要請し、一二七二年に三別抄の拠点であった珍島《チンド》龍蔵山城《ヨンジャンサンソン》を攻略する。三別抄は珍島から済州島《チェジュド》へ逃れてさらに抵抗を続けるが一二七三年には完全に鎮圧された。以後、高麗は元の附庸国として日本侵攻（蒙古襲来）に関わり続けることとなる。

日本社会の動き

日本では一〇世紀に入ると武士が勃興し、平将門《たいらのまさかど》や藤原純友《ふじわらのすみとも》による反乱（承平・天慶の乱）や、前九年・後三年の役の鎮圧に力を発揮するなかで、源氏や平家などの武士勢力が政治的な力も持つようになった。なかでも、一一五六（保元元）年の保元の乱および一一五九（平治元）年の平治の乱を契機として平氏が台頭し、一一六七（仁安二）年には平家の棟梁《とうりょう》である平清盛《きよもり》が太政大臣《だいじょうだいじん》となって政権を掌握した。しかし、平清盛が亡くなると平氏に代わって次第に源氏が興隆する。一一八五（文治元）年壇《だん》ノ浦《うら》の戦いで平氏を滅ぼした源氏の棟梁　源頼朝《みなもとのよりとも》は京都を離れ、一一九二（建久三）年に武士の政権である鎌倉幕府を開く。これに対し、一二二一（承久三）年に京都の貴族層を中心とした反乱（承久の変）が起こったが、鎌倉幕府はこれを短期間に平定し、むしろこれによって江戸時代まで続く武家政権体制が確立することとなった。

元からの通交を求める動き

このような情勢のなか、一二七三年に高麗三別抄の鎮圧に介入した元はそれ以前から日本に対して入貢を求めていた。そこで、ここでは残された文献記録をもとに元と高麗、日本との関係について確認してみよう。

一二六五年に高麗人趙彝《チョイ》から日本への通交を進言された元皇帝フビライは翌年に兵部侍郎黒的《こくてき》を国信使、礼部侍郎殷弘《いんこう》を国信副使として日本へ派遣することにし、高麗に対しては日本への案内を命じた。一二六七年黒的、殷弘らは高麗からの付使である宋君斐《ソンクンヒ》、金賛《キムサン》ともに現在の慶尚南道《キョンサンナムド》巨済島《コジェド》まで行ったが、日本への渡海を断念してフビライのもとに戻った。これに対し、フビライは再び黒的と殷弘を高麗へ派遣した。これを受けた高麗では同年九月に王の側近の起居舎人であった潘阜《パンブ》に元と高麗の国書を持たせて日本へ送った。潘阜は対馬《つしま》を経由して、翌六八年正月に大宰府《だざいふ》へ到着した。

大宰府では鎌倉幕府鎮西《ちんぜい》奉行であった少弐資能《しょうにすけよし》が対応し、潘阜が持参した国書を受け取り、鎌倉へ送った。その後、国書は鎌倉幕府から京都の朝廷に上申され、その対応についての朝議が行われた。この時の国書は原本が失われているものの奈良東大寺の僧侶宗性《そうしょう》によって書写された文書が「蒙古（元）国牒状」、「高麗国牒状」として残っており、『元史』日本伝や『高麗史』にもその文面が採録されている。朝議の結果、元（蒙古）および高麗国書に対して、「返牒をせず、使者を帰す」ことが決定された。これを通告された潘阜は七月に高麗王都の開京へ戻り、さらに高麗国王に命じられてフビライのもとに出向いて事情報告を行った。

なお、フビライは日本への使者の派遣と並行して、高麗に戦艦一〇〇〇艘の建造と高麗国内の軍勢の実数報告を命じていた。これに答えて、高麗国王元宗は潘阜が開京に戻った七月に船舶一〇〇〇艘と兵員一万人の存在をフビライに報告している。これを受け、フビライは一〇月に軍船と兵員確認のための使者を高麗へ派遣するとともに、済州島（耽羅《タンラ》）

に対して新たな軍船一〇〇艘の建造を命じた。

これと並行し、九月にフビライは改めて黒的と殷弘に日本行きを命じた。二人を迎えた高麗では中思佺《シムシチヨン》と陳子厚《チンジヤカン》を付使として日本へ派遣した。一二六九年二月対馬に到着した黒的らは島民の塔二郎、弥二郎の二人を捕らえ、再び対馬より先へ進むことを断念して戻った。黒的らが捕らえた塔二郎、弥二郎はフビライのもとに送られ、大都の様子を見聞した後の六月に高麗へ戻されている。高麗では金有成《キムウソン》と高桑《コソ》を国使に命じ、前回の国書から中書省牒に替えられた元（蒙古）からの文書と高麗国書を託すとともに、塔二郎と弥二郎の二人を対馬へ送還した。九月に対馬に到着した金有成らはその後大宰府に入り、少弐資能を通じて持参した文書を提出した。文書は鎌倉幕府から京都の朝廷へ届けられ、朝廷では返牒を出すことを決定した。しかし、鎌倉幕府がこれを拒否したため、日本側の対応が決定されるまでの間大宰府に留め置かれていた金有成らは返牒を得ないまま、翌七〇年二月に帰国した。

なお、この際に金有成らが届けた元中書省牒と高麗国書は残っていない。しかし、その内容は前回（一二六八年）に潘阜がもたらした国書とほぼ同じであったと考えられている。これに対し、この時朝廷が準備した返書の写し（一二七〇〈文永七〉年二月作成）は『本《ほん》朝文集《ちようぶんしゆう》』という史料に採録されて残っている。

金有成らが帰国した直後の高麗では六月に三別抄の反乱が起こった。高麗国王元宗は一二六〇年の即位以降、武臣の排除を進めており、一二六八年には反モンゴルの武臣執権であった金俊《キムジュン》を排除した。これに対し、武臣側は林衍《イムヨン》が執権を継ぎ、一二六九年には逆に元宗の廃位を諮ったが、これを聞いたフビライは先に日本への使者となった黒的を高麗に派遣し、元宗を復位させた。その後、一二七〇年二月林衍が病死し、後を息子の林惟茂《イムユモ》が継ぐ。しかし、まもなく林惟茂は宮廷で殺害され、元宗の親政が開始される。同年五月元宗はモンゴルとの講和の際の条件の一つであった江華島から開京への復都を決定するとともに、三別抄に対して解散を命じた。本来、三別抄は左夜別抄、右夜別抄、神義別抄の三部隊からなる高麗の公的軍隊であったが、武臣政権の台頭とともに次第に武臣政権の治安部隊と化していた。元宗はこれを排除することを目的として解散を命じたが、むしろこのことが引き金となって三別抄の反乱が起こったのである。

三別抄からの国書

三別抄は裴仲孫《ベチュソン》将軍を中心に江華島の王宮にあった財貨を戦艦一〇〇〇艘に積んで現在の全羅南道珍島の龍蔵山城（図9）に移動し、王族の承化候温《しょうかこうおん》を新たな高麗王に立て、元宗とモンゴルに対する抵抗戦を開始した。なお、江華島から珍島への移動の際に用いた戦艦一〇〇〇艘には先にフビライの命で高麗が建造していた戦艦が多く含まれていたと考

図９　韓国珍島龍蔵山城発掘調査の様子

えられる。三別抄の行動には農民をはじめとして呼応する人々が多く、一時的に韓半島南部を勢力下に収めるほどの勢いをみせた。また、この頃に三別抄は日本への支援を求める文書（国書）を送っている。残念なことにその原本は残されていないが、その証拠となる文書が「高麗牒状不審条々」と呼ばれる文書として残っている。この文書は東京大学史料編纂所に一括して収められていた文書類のなかから発見されたもので、京都の貴族に家に伝わった文書のなかの一枚であるとされる。

「高麗牒状不審条々」の内容

「高麗牒状不審条々」の重要性に気付き、その内容について明らかにしたのは、当時東京大学史料編纂所助手であった石井正敏さん（石井一九七八）である。石井さんの論文が発表される一九七八（昭和五三）年まで、日本の歴史学研究者の間では三別抄からの使者の到来を記した可能性がある史料として、朝廷に仕えていた吉田経長《よしだつねなが》の日記『吉続記《きつぞくき》』の存在が知られていた（川添一九七七ほか）。しかし、日記の内容が三別抄からの文書（国書）について記したものであると明確に認識していたわけではなかった。

『吉続記』を見ると、文永八（一二七一）年九月二日条には

高麗牒状到来事　晴、参内《さんだい》、関東使隋身高麗牒状、向西園寺大納言《さいおんじだいなごん》許、亜相参院入云々（高麗からの牒状が届いたことについて　晴れ、出勤、鎌倉幕府からの使者が届けた高麗からの国書について、西園寺大納言の下に出向く、続いて〈大納言と〉共に院〈後嵯峨上皇の政庁〉へ行く）

の記事があり、二日後の九月四日条に

件牒状趣、蒙古兵可来責日本、又乞糶《ちょう》、此外乞救兵歟、就状了見区分（先日届いた〈高麗からの〉国書の内容は、蒙古兵が日本へ攻めて来ること、さらに糶〈糧米〉が欲しいこと、そのほかに援軍を求めていることなどであるが、どうも内容がよくわからない）

と記している。

この記事の内容について、「高麗牒状不審条々」の存在を知らなかった段階の日本の歴史学研究者は、蒙古からの新たな国信使趙良弼《ちょうりょうひつ》が同年九月一九日に大宰府近くの筑前国今津《いまづ》に到着することを念頭に置いて、その先触れとして高麗から派遣された使者があったのではないかと解釈していた。すなわち、蒙古国信使に先立って派遣された高麗からの使者の存在を推測したうえで、『吉続記』の記事はこの時の使者がもたらした現存しない高麗国書について記したものと解釈していたのである。

しかし、石井さんは『吉続記』の記事に見える「高麗牒状」は三別抄からの国書であり、「高麗牒状不審条々」には一二六八年に潘阜がもたらした「高麗国書」と、一二七一年に「三別抄がもたらした国書」について比較検討した内容が記されていると読み解いたのである。

石井さんが紹介した「高麗牒状不審条々」に記された文章はそれほど長くなく、全体で一二条の箇条書き文である。石井さんの論考に基づき、その条文の重要な部分をあげれば、第一条には「以前状文永五年揚蒙古徳、此度状文永八年韋毳無遠慮云々如」（以前〈文永五年＝一二六八年〉の牒状では蒙古の徳を掲げていたが、今回〈文永八年＝一二七一年〉の牒状では韋毳〈蒙古のことを貶めた呼び方〉の〈高麗に対する〉遠慮のなさを指摘していること）、第三条には「以前状帰蒙古之徳成君臣之体云々、今状遷宅江華近四十年、被髪左衽聖賢所悪仍叉遷都珍嶋事」（以前の牒状には蒙古の徳成や君臣の礼について述べていたが、今回の牒状では江華島へ遷都以来四〇年近くとなり、被髪左衽〈髪を結わず、衿を左前にして着用する蒙古人を示す〉は聖賢〈すなわち三別抄の人々〉が軽蔑するところであるため、〈これを嫌って〉再び珍島へ遷都したこと）と記されている。この内容をみれば、「高麗牒状不審条々」と『吉続記』に記された一二七一年の「高麗牒状」は石井さんの指摘の通り、三別抄が日本へ送った国書であることが明らかである。

「高麗牒状不審条々」のその後

『吉続記』に「高麗牒状」のことが記されたのは一二七一（文永八）年九月二日および四日であった。そこで、当時の高麗の状況を確認すると、直前の同年五月に三別抄が王宮としていた珍島龍蔵山城は洪茶《ホンサ》丘《グ》らを中心とする蒙古軍による攻撃で陥落し、国王に推戴《すいたい》されていた承化候温や斐仲孫将軍は殺害されている。このため、石井さんは三別抄からの国書は珍島が陥落する同年五月中旬以前に作成され、日本へ届けられたと想定している。しかし、三別抄の一部は珍島の陥落後も金通精《キムトンジョン》らの武将を中心として済州島へ逃れ、蒙古への抵抗を続けたことからすれば、珍島陥落の後に移動した済州島から日本への国書を送ったことも考えられないわけではない。この点を明らかにするためには三別抄からの国書を届けた使者はどのような人物で、いつ、どこに到着したかなどについての情報が欠かせない。しかし、三別抄からの使者に関する日本側の文献記録は「高麗牒状不審条々」と『吉続記』のほかには残されていない。このため、『高麗史』や『元史』に記された蒙古や高麗からの使者とは異なって、三別抄が派遣した使節の人員構成や日本への到着時期、その後の動静などはほとんどわからないままとなっている。三別抄による日本への国使派遣については日韓双方の研究者による「高麗牒状不審条々」や『吉続記』の検討に加えて、両国内での新たな関連資料の探求が望まれる。

新たな元（蒙古）国書の到着

高麗国内では三別抄による抵抗戦が起こっているという情報が伝わっていなかった日本の朝廷で、三別抄からの国書への対応をめぐる論議が交わされている間の一二七一（文永八）年九月一八日、元からの新たな国信使が到着した。国信使となったのはフビライの秘書監であった趙良弼であり、三別抄が王都を置いた珍島龍蔵山城が陥落した後の八月一一日に高麗王都の開京を出発し、博多湾の今津へ到着した。趙良弼は大宰府で少弐資能と面談し、京都の朝廷と直接交渉することを求めた。しかし、これを少弐資能が拒絶したことから趙良弼は国書を手元に置き、これを写した副書を手渡した。副書は鎌倉幕府へ届けられ、一〇月二三日には鎌倉幕府から京都の朝廷へ届けられている。この副書には「日本からの返牒がない場合、同年一一月を期限として日本侵攻のための兵船を準備する」ことが記載されており、最後通牒に近い内容が含まれていた。

この時、朝廷では先に届いた三別抄からの国書への対応についての審議が行われていた。しかし、新たに趙良弼からの副書の写しが届けられたため、三別抄からの国書に対する審議は中止され、趙良弼からの副書に対する審議が開始された。そして朝廷および鎌倉幕府では元に対しての返牒を行わないことを決定した。このことを告げられた趙良弼は日本からの返書を受け取ることなく、翌一二七二年一月大宰府から帰国の途についた。

三別抄の滅亡と日本侵攻への準備

一二七一年一二月フビライは国号を元から「大元」に改めた。そして、済州島での抗戦を続ける三別抄に対しては、一二七三年四月に金方慶《キムバンギョン》に率いられた高麗軍と忻都《きんと》・洪茶丘らに率いられた元軍、合わせて約一万人を済州島に派兵し、缸波里土城《カンパリトソン》に本拠を置いた金通精らの三別抄を鎮圧した。なお、鎮圧後、済州島は元の直轄地とされ、軍馬を飼育するための牧が置かれている。

三別抄を鎮圧した後の高麗では一二月に国内の兵糧調査が行われ、日本侵攻に向けた兵糧の準備が進められた。『元史』には翌一二七四年一月にフビライが高麗へ洪茶丘を派遣して戦艦三〇〇艘の建造を監督させたことが記されている。また、同じ一月の記事として高麗に対して「千料舟、抜都魯軽疾舟、汲水小舟各三百、共九百艘」の準備を督促したことも記されており、兵糧とともに日本への渡海のための船舶の準備も同時に進められたことが知れる。ちなみに「千料舟」は大型船、「抜都魯軽疾舟」は小型高速船、「汲水小舟」は水や武器などを積む小型船とされる（太田一九九七など）。このことは蒙古襲来のために準備された船舶には用途に応じた船種の違いがあったことを示す。なお、これらの記録からすればフビライが洪茶丘に建造の監督を命じた戦艦三〇〇艘は大型船の「千料舟」であった可能性が高いと考えられる。

これらの船舶について『高麗史』金方慶伝には、一二七四年三月の記事として「帝欲征日本、詔方慶与茶丘、監造戦船、造舩若依蛮様、即工費多、将不及期、一国憂之、方慶為東南道都督使、先到全羅、遣人咨受省檄、用本国舩様督造」（フビライは日本を征服するために金方慶と洪茶丘に戦艦の建造を命じた。しかし、フビライが求める〈蛮様〉の船は建造費用が高いうえに納期に間に合わないと考えられる。高麗はそのことを危惧し、金方慶を東南道都督使に任命して早急に全羅道へ派遣し、造船作業を督促して高麗仕様の船舶を造らせた）と記されている。金方慶が派遣された全羅道では現在の全州道辺山と羅州天冠山に造船所が設けられていたことが知られている。

高麗建造船の構造

ここに記されている船舶の「蛮様」について、早くから蒙古襲来（元寇）の研究に取り組んだ池内宏さんは「南支那風の意」、すなわち中国江南《こうなん》地域の船舶の仕様であると理解している。これに対して、「本国船様」とは高麗の造船技術による船舶のことを示す。この記録からすると、文永の役に備えてフビライから船舶の建造が命じられた際に、高麗では費用や建造期間の問題からフビライが要求した中国江南地域仕様の船舶ではなく、高麗の造船技術を用いた船舶を建造したことが知れる（池内一九三一）。

金方慶や洪茶丘の監督のもと、高麗では五月末までに求められた船舶の建造を終えた。その報告は六月になってフビライに届けられたが、この間の六月一八日に高麗国王元宗が死去し、忠烈王《チュンニョルワン》が即位した。前王死去と新王即位の慌ただしさのなか、フビライは高麗に日本への侵攻を命じ、進発の準備が進められていった。

文永の役

鎌倉幕府の内紛と異国警固番役の設置

一二七二（文永九）年一月に元の国信使趙良弼は日本からの返書を得ないまま帰国した。なお、日本側の記録は残っていないが、『元史』には趙良弼は帰国の際に日本からの使者二六人（『高麗史』では一二人）を伴って大都まで帰ったとされている。元や高麗ではこれを日本側の敵情偵察と判断し、厳重な監視下に置き、同年四月に日本へ送還したという。さらに、『元史』には翌七三年にも再び趙良弼が日本へ使者として派遣されたこと、またその帰国報告の際にフビライから日本へ侵攻することの是非を問われ、日本侵攻には困難が多く、利益は少ないと述べたことなどが記されている。なお、趙良弼の二度目の来航について日本側には記録が見られない。

一方、日本では一二七一年九月に九州に所領を持つ東国御家人《ごけにん》に対して鎌倉幕府が下向令を発令し、元軍の襲来に向けた軍備を進めている。また、その渦中の一二七二年二月に幕府内部では二月騒動と呼ばれる内紛が起こっていた。二月騒動は鎌倉と京都で連続的に起こっており、鎌倉では二月一一日に北条氏の一族の名越時章《なごえときあき》・教時《のりとき》、京都では二月一九日に執権であった北条時宗《ほうじょうときむね》の異母兄で六波羅探題《ろくはらたんだい》南方であった北条時輔《ときすけ》が討伐された。これは一二六八年三月に執権に就任した北条時宗に鎌倉幕府権力を集中させるための謀略であったとされている。

二月騒動の後、鎌倉幕府は元軍の来襲に備えて九州の防備を固める施策を急速に充実させていく。九州に下向していた御家人に対して、大宰府や博多など元や高麗の来襲が想定される筑前・肥前（北部九州）沿岸部の警護を義務付ける「異国警護番役《いこくけいごばんやく》」を設け、その指揮を鎮西奉行の少弐資能と豊前国守護の大友頼泰《おおともよりやす》に命じた。これらのことからすれば、鎌倉幕府は元軍の来襲は必至であると判断していたことが明らかである。

これに対して、元では日本との国交交渉と並行して進めていた南宋との戦いに大きな変化がみられた。長年、包囲戦を続けていた襄樊《じょうはん》（襄陽《じょうよう》・樊城《はんじょう》）攻防戦が一二七三年二月に終わり、南宋の征服に目処がついたのである。これにより元では日本侵攻の準備を本格化させることができる状況となった。これが先に述べた元による高麗への造船督促をはじめとする急速な日本侵攻準備につながったのである。

元軍の侵攻

一二七四年一〇月日本侵攻に差し向けられる元軍と高麗軍が高麗南部合浦《ハッポ》（現在の慶尚南道馬山《マサン》）に集結した。元軍はモンゴル武将忻都を主将とし、洪茶丘と劉復亨《りゅうふくこう》がこれを補佐しており、三別抄の反乱を契機として高麗国内に設けられた屯田軍やモンゴルによって滅ぼされた金の軍人を再編成した女真軍などを合わせた兵員約二万人を動員した。一方、高麗軍は金方慶を主将とする約六〇〇〇人の将兵に加えて船舶の運航にあたる要員約六〇〇〇人が参加したとされる。しかし、この兵員数については記載した文献に数値の違いが見られ、確定してはいない。

総勢約三万人にのぼる元・高麗軍はフビライが高麗に命じて準備させた「千料舟」「抜都魯軽疾舟」「汲水小舟」の各三〇〇艘、計九〇〇艘に乗り込み、一〇月三日に合浦を出航し、五日には対馬に至った。対馬では守護代であった宗資国《そうすけくに》らが迎え撃ったが、圧倒的な兵力差のなかで全滅した。元・高麗軍は一四日には壱岐《いき》に攻め入り、ここを制圧した。なお、元・高麗軍はその後の一七日に平戸島《ひらどじま》、能古島《のこのしま》、鷹島を制圧したとする日本側の記録がある。しかし、『元史』や『高麗史』には記されていない。

一九日には博多《はかた》湾へ侵攻し、翌二〇日に現在の福岡市百道《ももち》・今津の海岸から上陸して鎌倉幕府軍との間で陸上戦を開始した。元・高麗軍は麁原《そはら》（現在の早良区祖原）や別府《べふ》（城南区別府）に陣を敷いて、ここを拠点に博多方面へ侵攻し、博多の西側に位置する赤坂《あかさか》や鳥飼《とりかい》（中央区赤坂・鳥飼）で日本軍と交戦した。攻防が重ねられるなかで鎌倉幕府軍は次第に劣勢となり、水城《みずき》（大野城市・太宰府市）まで退却した。元・高麗軍は博多に攻め入り、博多の街並みや筥崎宮《はこざきぐう》などを焼き払っている。

翌二一日朝、新たな戦闘に備えていた鎌倉幕府軍に対し、元・高麗軍は姿を見せず、前夜のうちに撤退したことが明らかとなった。鎌倉幕府側はこれを不思議がったが、『元史』には「官軍不整、又矢尽」と記されており、準備していた兵器が消耗したことを撤退の理由にあげている。また、前日の戦いのなかで元軍の副将であった劉復亨が弓で射たれて負傷したことも記されており、元・高麗軍側に戦意の低下がみられた可能性が指摘されている。なお、元・高麗軍船の去った後の志賀島《しかのしま》では撤退に遅れた軍船一艘が鎌倉幕府軍に拿捕《だほ》されており、捕縛された兵員は斬首されたという。

また、『高麗史』には合浦への撤退の途中で元・高麗軍が暴風雨に遭い、一万三五〇〇人あまりの被害を生じたことが記されている。これについては日本側の記録は残っていない。撤退途中のことであり、鎌倉幕府軍側では元・高麗軍の被害状況を知るすべもなかったと考えられる。

元・高麗軍の撤退後、鎌倉幕府は戦闘で受けた被害の把握と参戦した御家人たちへの論功行賞、元・高麗軍の再来襲に備えた防備の拡充など、さまざまな戦後処理に追われている。翌一二七五（建治元）年には鎮西奉行の少弐経資《つねすけ》（資能の子、文永の役前に家督を相続）が「蒙古警護結番《けちばん》」を定め、九州の九国を四組（番）に分け、季節を定めて博多や大宰府など筑前・肥前（北部九州）の重要拠点の防衛にあたらせた。

石築地（元寇防塁）の構築

また、文永の役で元・高麗軍の上陸を許し、博多周辺を焼き討ちされた経験は水際での上陸を阻止する戦略の必要性を痛感させたことから、鎌倉幕府は博多湾一帯の海岸に石築《いしつい》地《じ》（元寇防塁《ぼうるい》）の構築を命じた。石築地の構築場所は九州各国ごとに割り振られ、さらに田地面積に応じて国ごとの築造すべき長さが定められた。現在、国史跡に指定されている福岡市生《いき》の松原《まつばら》や今津に残る石築地（元寇防塁、図10・11）を見ると、石積みのなかに縦に入る目地《めじ》が確認できる部分が数ヵ所ある。これにより、石築地は国ごとに割り振られた場所のなかでもさらに受け持ち部分が細分され、ほぼ同時に複数箇所から構築され始めたことが知れる。なお、石築地は弘安の役（一二八一年六月）の前にはほぼ完成していたと考えられている。

鎌倉幕府は防備を固めるだけではなく、一二七六（建治二）年三月には逆に高麗へ出兵することを計画し、少弐経資らをはじめとする九州諸国の兵員や船舶の動員を図った。しかし、石築地の構築が優先されたことから高麗への出兵は実行されず、中止された。

図10　福岡市元寇防塁（今津地区）

図11　福岡市元寇防塁（今津地区）石積みの目地（ピンポールの位置）

元国使の来日と処刑

これに対し、日本への侵攻が不首尾に終わったフビライは一二七五（建治元）年二月に改めて服属を勧告する使者を日本に派遣した。礼部侍郎杜世忠《とせいちゅう》を正使、兵部侍郎何文著《かぶんちょ》を副使とする使者は高麗を経由して、四月に長門国室津《ながとむろつ》（山口県豊浦）に到着した。杜世忠らをのせた船は対馬、壱岐を経由して博多へ入る航路をとった記録がなく、直接室津へ到着したと考えられる。おそらく文永の役の直後であり、これまでの通常航路ではなく、日本海を縦断する直行航路をとったことが想定される。使者の到着報告を受けた鎌倉幕府は八月に杜世忠らを鎌倉へ連行し、九月龍ノ口《たつのくち》で斬首した。

日本への使者の派遣と並行して、フビライは高麗に対して戦艦の修造や武器の製造を命じている。これは翌一二七六年一月に一旦取り消されたが、南宋の攻略が有利に進むなかで再び日本への侵攻準備が進められることとなる。

南宋の滅亡

一二七六年一月に元の侵攻を受けていた南宋の首都臨安《りんあん》（浙江省杭州）が開城し、降伏した。南宋王族の一部と将兵は船舶に乗り組み、海上に逃れて現在の福建省から広東省を漂泊しながら元への抵抗を試みた。しかし、最後は追い詰められて一二七九年二月に厓山《がいざん》（広東省江門市）で滅亡した（図12）。

臨安の開城後、フビライは日本侵攻の可否について南宋の降将である范文虎《はんぶんこ》に諮問した。

図12　中国広東省江門市厓山の遠景

これに対して范文虎は日本侵攻は可能であると答えたが、フビライは南宋との戦いや前回の日本侵攻（文永の役）で疲弊した国力の回復と消耗した戦備の充足を訴える耶律希亮ら侍臣たちの意見を重くみて、日本侵攻の最終決定を先送りした。

そして、三年後に南宋が厓山で滅亡すると、フビライは改めて日本侵攻の意思を示した。これに対して、范文虎は戦端を開く前にもう一度日本へ使者を派遣することを進言した。これをフビライが認めたため、范文虎は元に降伏した南宋の遺臣として自らが日本に対する使者を送る形をとり、人員を選んで日本へ派遣した。しかし、使者の目的が杜世忠と同じ服属の勧告であることを知った鎌倉幕府はこの使者を捕らえ、一二七九（弘安二）年六月に博多で斬首した。

なお、この年の五月にフビライは船舶三〇〇〇艘の造船を指示するとともに、その用材を耽羅（済州島）から調達することを命じた。さらに、翌六月には高麗に戦艦九〇〇艘の建造を命じている。これに対して、高麗では文永の役に用いた船舶を修造して対応した記録が残されている。

このような状況のなか、八月には四年前に杜世忠らを日本へ送り届けた高麗船の乗組員のなかの四名が高麗へ逃げ帰り、杜世忠らが斬首されたことを報告した。この報告は高麗の忠烈王からフビライのもとに知らされた。これを受けたフビライは日本との交渉が不調に終わったことを知り、日本への再侵攻準備を本格化させた。

元の日本侵攻作戦会議

一二八〇年八月フビライのもとで日本侵攻の作戦会議が開かれた。参加したのは文永の役の際の主将であった忻都と副将の洪茶丘に加えて、范文虎、高麗忠烈王らであった。会議の結果、翌八一年一月に出征命令が出され、忻都と洪茶丘は元・高麗軍を率いて高麗の合浦から進発し、范文虎は旧南宋軍を率いて江南地域から進発して六月に壱岐島で合流し、博多へ侵攻することが決定された。

進発直前となった一二八一年二月にフビライは再び日本侵攻に関わる総司令官の阿刺罕《あらかん》

と忻都、洪茶丘、范文虎らを招集し、蒙古人、漢人、女真人、高麗人などの多民族混成部隊は協力して日本侵攻を成功に導くように訓戒を行った。これは前回の日本侵攻（文永の役）が不首尾に終わった反省を踏まえ、今回の日本侵攻が同じ轍《てつ》を踏むことのないよう戒めるための措置であったと推測される。

弘安の役

元・高麗軍（東路軍）の動き

一二八一年五月合浦に集結した元・高麗軍（東路軍、以下東路軍とする）は五月三日に進発した。東路軍は文永の役と同じく元軍を忻都と洪茶丘、高麗軍を金方慶が率い、九〇〇艘の船舶に約四万人の兵員が乗り組んでいた。五月二一日に対馬へ侵攻し、対馬側の抵抗を鎮圧した後、壱岐へ向かった。なお、『高麗史』には壱岐に向かう途中で嵐に遭い、兵士一一三名と乗組員三六名が遭難したことが記されている。壱岐を制圧した元・高麗軍は鎌倉幕府側の防備体制についての情報収集を行ったうえで、日本での戦闘については東路軍の判断で行動することの許可をフビライから取り付けた。そして、范文虎らが率いる江南軍と合流する前に東路軍単独で侵攻する作戦に移り、六月六日には博多湾へ進んだ。

しかし、博多湾に面する海岸一帯に石築地を設け、その前面に逆茂木《さかもぎ》をめぐらしている防備の状況を見て、東路軍は博多湾内からの上陸を諦め、博多湾々口に位置する志賀島を占領して陣を敷き、周辺海域に船舶を停泊させた。これに対し、鎌倉幕府軍は小船による夜襲や陸上、海上双方からの攻撃を繰り返し、博多湾内陸部への侵攻を許さなかった。志賀島に上陸した東路軍と小舟を利用した鎌倉幕府軍側の攻撃の様子は『蒙古襲来絵詞』に描かれている。東路軍は戦況が有利に展開しなかったことから、江南軍と合流したうえで改めて博多への侵攻を図ることにし、いったん壱岐へ退却する。壱岐に退却した東路軍に対して、鎌倉幕府軍側は壱岐への渡海攻撃を行っており、この戦いのなかで前鎮西奉行の少弐資能が負傷し、少弐経資の息子である資時《すけとき》らが戦死している。

江南軍の到着を待つ東路軍の間では疫病が広まり、三〇〇〇人あまりの死者を出した。このような状況のなか、元軍の忻都や洪茶丘、高麗軍の金方慶らが集まった東路軍の軍議では、日本側との戦闘を開始したものの有利に運ばないうえに江南軍の到着が遅れたことによって滞在が長引く間、軍船の傷みが進むとともに食糧が消耗している状況が話し合われている。その結果、当初三ヵ月分を用意した食糧の残りがあと一月分あることを理由として、もうしばらく江南軍の到着を待つこととなった。

江南軍の動き

一方、江南軍は慶元《けいげん》（現在の浙江省寧波）から舟山列島の定海《ていかい》（浙江省舟山市）周辺に集結した三五〇〇艘の軍船に兵員一〇万人をのせて、日本への進発準備を進めていた。しかし、船団が大規模であることに加えて、総司令官に任命されていた阿剌罕が病気となり阿塔海《あたはい》へ交代したこともあって出発が遅れ、六月中旬〜七月初旬にかけて順次日本へ向かった。その際、東路軍と合流する予定であった壱岐ではなく、平戸島を目指している。『元史』によれば、進発前に漂着した日本船の船員に日本の地図を書かせて情報を聞き出した際、平戸島は大宰府に近く、多くの軍船を停泊させることが可能であるうえに日本側の防備は手薄であり、ここを拠点として東路軍と連携することが戦略的に有利であると判断したことによる。

江南軍の先着船団は平戸島から鷹島周辺に到着し、平戸島に上陸してここに陣地を築いて順次到着する船団の陣容が整うのを待ちながら東路軍と連絡をとり、七月末になって博多侵攻のために五龍山（もしくは竹島、打可島、白骨山などと表記した文章もあるが、すべて鷹島と考えられている）へ移動した。なお、中国側には七月二七日に鷹島周辺に停泊した元軍船団に対して鎌倉幕府軍が攻撃を加えた記録が残っている。しかし、日本側には残っていない。こうして鷹島に移動した元軍船団は七月三〇日夜に暴風雨に見舞われ、壊滅状態となるのである。

暴風雨が収まった後、江南軍の范文虎らは生き残った兵員を再編成して日本侵攻を続けるか、撤退するかを協議した。その結果、撤退を選び、范文虎らは沈没を免れた船にのって帰還した。また、平戸島では係留していた船舶の被害が少なかったことから、船内にのせていた軍馬を降ろして駐留していた兵員を収容して帰国したことが『元史』に記されている。このようにして帰還した船舶や兵員の被害状況について、『高麗史』には「東征軍九千九百六十名、梢工水手一萬七千二十九名、其生還者一萬九千三百九十七名」、『元史』には「士卒在者十一二」あるいは「喪師十七、八」などと記載されている。これを見ると高麗軍の被害が三割程度であったのに対して、元軍の被害は格段に大きかったことが知れる。帰還した兵員のなかには沈没を免れた船舶を修理し自力で帰還した者もある。しかし、暴風雨で生き残った兵員の多くは鷹島周辺に置き去りにされ、鎌倉幕府軍による掃討戦にさらされることになる。

鎌倉幕府軍による掃討戦

暴風雨が去った後、鎌倉幕府軍は元軍船団が鷹島の周辺海域で壊滅的な被害を受けたことを知り、これを追討するために鷹島周辺へ急行した。『蒙古襲来絵詞』などによると、閏七月五日には鷹島対岸の肥前国御厨《みくりや》（松浦《まつうら》市御厨）沖で竹崎季長《たけさきすえなが》をはじめとする鎌倉幕府軍が海戦を挑み、多くの戦果をあげた。また、七日には鷹島へ攻め入って元軍との戦闘を行い、掃討をほぼ終了している。

『元史』によれば、これらの戦いで捕虜となった兵員約二万〜三万人は九日に博多へ集められ、蒙古兵、高麗兵、女真兵は斬首され、旧南宋兵は助命の後、奴隷（下人）化されたという。

鎌倉幕府の対応

弘安の役後の八月五日鎌倉幕府は御家人に対して高麗討伐を通達し、その準備を命じた。しかし、八月二五日には延期が発表され、その準備も中止された。しかし、元軍の再来襲についての警戒を緩めたわけではなかった。なかでも九州の御家人に対しては①在地を離れることを禁じるとともに、②奴隷（下人）化した捕虜の逃亡を取り締まること、③外国人の入国に対する警戒を怠らないこと、④石築地役（石築地の保守、点検）と異国警固番役の励行を命じた。実際に一二八三（弘安六）年一二月には翌年春に元の来襲があるという情報に基づき、薩摩国の御家人と荘園関係者（本所一円地の者）に対して異国警固番役の担当箇所の配置につくことが命令されている。

また、京都の朝廷や鎌倉幕府は寺院や神社に対して、「異国降伏」や「我朝長久之静謐」の祈禱を繰り返し命じ、元軍の再来襲に対する神仏の加護を求めることも行っている。このことは当時の日本の人々にとって蒙古襲来に対する恐怖感がどれほど大きかったかを物語っている。

元のその後

一二八四年四月フビライは王積翁《おうせきおう》を国信使とし、日本とのつながりが深かった臨済宗《りんざいしゅう》の禅僧である補陀落山観音寺《ふだらくさんかんのんじ》の愚渓如智を同行させて派遣した。一行は七月一〇日に対馬へ到着したが、日本行きを拒否する船員によって王積翁が暗殺されたため、日本へ渡ることなく対馬から帰国した。

また、一二九二年五月には日本の商船が耽羅（済州島）へ寄港し、二人の商人が現地で捕縛された。フビライは高麗に命じてこの二人の日本商人を送還し、これに高麗からの使者を同行させた。高麗からの使者となったのは以前にも高麗から日本へ派遣されたことのある金有成であった。一〇月に高麗を発った金有成ら一行は翌年鎌倉に送られ、尋問を受けた後の四月に高麗へ送還されている。

このような元からの働きかけが行われるなか、一二九四年一月にフビライが死去する。この結果、元国内では日本への侵攻はほとんど顧みられなくなった。そして、一二九九（永仁七）年一〇月に元からの日本招国使として臨済宗の禅僧一山一寧《いっさんいちねい》が来日する。一山一寧は愚渓如智の跡を継いだ補陀落山観音寺の住職であった。一山一寧は鎌倉幕府によって伊豆修善寺《いずしゅぜんじ》に幽閉されるが、その後鎌倉の建長寺《けんちょうじ》住職に迎えられた。また、鎌倉幕府は一山一寧らの情報を得て、長年続けていた元への警戒を少しずつ緩和させることとなった。

蒙古襲来の解明に取り組む

調査手法の模索

いざ、鷹島海底遺跡へ

鷹島海底遺跡と水中考古学への新たな挑戦

一九九四・九五（平成六・七）年に行われた鷹島神崎港《たかしまこうざき》（図13）での離岸堤建設を前にした緊急発掘調査では大型木製碇一門と小型木製碇《いかり》三門が検出された。その調査報告書に関わったことはすでに書いたが、二〇〇一・〇二年にも同じ神崎港の改修工事を前にした緊急発掘調査が行われた。この時の調査では元軍船の船材、冑《かぶと》や刀剣・鉄鏃《てつぞく》、球形土製品（てつはう）、石球、青銅製飾金具、弓を含む漆製品など大量の遺物が出土した。出土した大量の遺物の保存処理作業や報告書作成に向けた資料化作業は遺跡を管理する鷹島町教育委員会にとって手に余るものがあり、再び私を含めたさまざまな個人や機関がこれに協力することになった。

図13　鷹島水中考古学研究センターより鷹島海底遺跡を望む

　また、ちょうどその頃、私は二〇〇三（平成一五）年度から採択された文部科学省特定領域研究「中世考古学の総合的研究—学融合を目指した新領域生—」（領域代表者前川要）のなかの四つの研究部門の一つに、「中世東アジアの交易・交流システムに関する新研究戦略の開発・検討」という研究題目で参加していた。その研究では中世における中国大陸および韓半島《かんはんとう》と琉球列島を含む日本列島との関わりについて、水中考古学を含むさまざまな調査や研究手法の検討を目的に掲げていた。この研究チームに参加していたのは日本中世史が専門の九州大学教授佐伯弘次さん、韓国と日本の先史・古代の考古学的交流関係が専門の九州女子短期大学講師中島達也さん、中国考古学が専門の琉球大学助教授後藤雅彦さんである。

そこで、この研究の一環として蒙古襲来《もうこ》（元寇《げんこう》）を研究対象に取り上げ、以前からの課題であった①鷹島海底遺跡での音波探査装置の試験的運用とこれを用いた調査・研究手法の模索、②今後の調査研究の基礎資料となる伊万里《いまり》湾全域の詳細海底地形図および地質図の作成とデジタル・データベースの作成に取り組むこととした。蒙古襲来の内容を把握するためには予め伊万里湾全域の海底地形と地質に関する情報を収集しておく必要があることは、それまでの鷹島海底遺跡調査の歩みを振り返るなかで実感していたことである。しかし、なかなか実際の作業に取り掛かる契機が摑めずに過ごしてきたところに、ようやくその機会がめぐってきたのである。

長崎県鷹島町の動き

一方、この頃の日本社会では一九九九（平成一一）年度から政府主導による地方の市町村合併が進められ、鷹島海底遺跡を抱える鷹島町もそのあり方を模索していた。いくつかの合併案が審議された結果、鷹島町は二〇〇六（平成一八）年一月一日をもって、南に隣接する福島《ふくしま》を行政区域とする福島町と伊万里湾を挟んで対岸に位置する松浦《まつうら》市と合併することが決定された。合併を前にした鷹島町教育委員会には文化財行政上の大きな懸案事項として、二〇〇一・〇二（平成一三・一四）

年度の神崎港離岸堤工事に先立つ緊急発掘調査の正式成果報告書の作成と、この際に大量に出土したさまざまな遺物を含めたこれまでの出土遺物の国重要文化財への指定、および鷹島海底遺跡の国史跡への指定問題が残されていた。

このため、これまで緊急調査のたびに設置していた調査指導委員会方式を改め、残された課題の解決に向けた常設の鷹島海底遺跡調査整備指導委員会を設置することになった。二〇〇五（平成一七）年七月に第一回目の委員会が召集され、以前に鷹島海底遺跡を対象とした研究で科学研究費を受けたことのある九州大学教授の西谷正さんや奈良国立文化財研究所で保存科学を担当する高妻洋成さんおよび荒木伸介さん、佐伯さん、私の五人が委員に委嘱された。なお、このほかに九州国立博物館展示課の赤司善彦さんと博物館科学課の今津節生さん、文化庁の担当官、長崎県教育庁の担当者が委員会での協議に参加した。

委員会では西谷さんを委員長、荒木さんを副委員長に選出し、これまでの鷹島海底遺跡での調査状況と現在抱えている問題点の確認が行われたうえで、二〇〇五年度以降に取り組むべき事業の方向性が審議された。また、鷹島海底遺跡の周知化海域において、後で詳しく述べることとなる東海大学教授根元謙次さんによる音波探査を行うことも了承された。

鷹島海底遺跡周辺の海底地形と地質情報を得るために音波探査装置を用いることは一九八〇年代に始まった学術研究の段階から行われていた。しかし、この頃の音波探査装置は音波の送受信機を調査船からケーブルで曳航《えいこう》する仕様のサイドスキャンソナーとサブボトムプロファイラーであった。サイドスキャンソナーは海底地形情報、サブボトムプロファイラーは海底地質情報の取得を目的とする。しかし、曳航型の両機器には位置情報測位システム（GPS）が取り付けられていなかった。このため、両機器を曳航する調査船に設置した位置情報測位システム（GPS）で計測した位置情報を基準として、曳航している送受信機の座標位置を算出しなければならなかった。この際、音波の送受信機は調査船とまったく同じ航跡をたどるとともに、海底面に対しては音波を常に垂直方向へ向けて発信し続けていることを前提としていた。音波探査装置では海底の地形や地質についての連続的な情報を取得していくため、同じ地点を計測した場合には取得情報に重複がみられる。これを利用し、調査船の位置情報を踏まえながら取得した音波探査情報のなかの重複部分を重ねていけば、海底地形や地質に関する広域の情報が得られると考えていたのである。

音波探査機器による海底地形と地層情報の取得

しかし、ここで用いた二〇世紀代の位置情報測位システム（GPS）の精度はかなり大まかであり、これを基準として算出した曳航型音波探査機器による海底地形や地質に関する情報はかなりの誤差を含んでいた。これは現在では一般化した自動車の位置情報測位システム（いわゆるカーナビゲーションシステム）も導入され始めた頃にはかなりのズレがあり、走行中の車の位置が道路上ではない場所に表示されることがあったことを思い出してもらえればよいと思う。このような使用機器の精度誤差は石油や天然ガスなどの海底資源の探査や活断層の調査などではほとんど問題とならない範囲と考えられる。しかし、海底遺跡の調査ではこの誤差の影響が限りなく大きい。実際に二〇〇三（平成一五）年度から採択された特定領域研究の一環として福岡市玄海島《げんかいじま》沖合の海域で試みた沈没船探査では曳航型の音波探査装置で捉えたさまざまな反応物を対象として、計算によって割り出した位置情報に基づいた水中ロボットによる視認を試みたが、音波探査で捉えていた海底地形の場所に水中ロボットが間違いなく到達しているという確信はほとんど得られなかったのである。

さまざまな探査装置

では、音波探査機器はどのような仕組みを持っているのだろうか。

音波探査の基本的な原理は海底に音波を発信し、反応が戻って来るまでの時間、反応の強弱、反応時間の連続性などを計測するものである。私たちの周りには音波のように「波」で表される存在として、光波、磁波、電波などがあり、日常生活のさまざまな場で利用されている。例えば、デジタルテレビやデジタルカメラの技術は光波、電子レンジは磁波、従来のテレビやラジオ技術は電波を利用している。

これらは考古学研究の機器にも活用されており、光波はこれまでトランシットとメジャーを用いていたアナログな測量機器に変わる光波測距器に利用されている。さらに現在では光波測距器と平板測量器具をあわせた電子平板測量や、立体的な構築物について光波を利用した三次元測量も比較的簡単にできるようになった。また、磁波は地中に埋もれた窯跡などの磁力変化を伴う遺構の探査、電波は地中に埋もれた空洞や水路などの電気伝導に変化がみられる遺構の検出に用いられている。これに対し、音波は地下レーダとして用いられ、音波に対する地下堆積層中のさまざまな反応を取得し、これを画像化して遺構や遺物の判別に利用する。これらの機器はそれぞれに用いた光波、磁波、電波、音波の反応について画像化する技術がなければ成り立たない。言い換えれば、光波、磁波、電波、音波を考古学研究の場で有効利用する技術はそれぞれを目に見える形で表現する画像化技術があってこその技術であるといえるのである。

光波、磁波、電波、音波のなかで、現在のところ、水中環境での利用が可能なのは音波だけである。光波は水中での屈曲がみられることから水中での安定的反応を確保することができない。また、磁波や電波は生物に影響を与えることがあり、水中での安易な使用はできない。このため、水中については今のところ音波のみが広く用いられているのである。

水中音波探査の特長

では、水中探査では音波をどのように用いるのだろうか。原則を説明するために、運動会のスタートの風景を思い出して欲しい。スタートの瞬間をちょっと離れた場所で見ていると、ピストルの引き金が引かれ、火薬の煙が出るのに少し遅れてピストルの音が聞こえた経験はないだろうか。この現象は目に見えるスタートの情報は光の情報として目で確認し、ピストルの爆発音は音の情報として耳で捉えるため、光の速度（光速）と音の速度（音速）の違いが私たちに一瞬のズレを感じさせるのである。もう少し説明すると、光は一秒間に約三〇万キロ進むのに対して、音は空気中の気温摂氏一五度の状態で一秒間に約三四〇メートル伝わるだけであり、圧倒的な速度の違いがある。ところが音波は水温摂氏八度の状態の水中では一秒間に約一四三八メートル伝わり、空気中より四倍以上の速さとなる。音波は空中より水中の方が伝わる速度が速いのである。

　また、音波は周波数によって波長の長さが異なるとともに、これによって伝わる距離も異なってくる。ちなみに一秒間に発生する波数を周波数と呼び、Hz（ヘルツ）で表す。周波数一〇〇キロヘルツの場合、音波の波長は一・五センチ、水中で伝わる最長距離は約六〇〇メートルであることが知られている。この周波数一〇〇キロヘルツを中間波とし、これより低い周波数の音波を低周波、高い周波数の音波を高周波と呼ぶ。音波を海底探査で用いる場合、地形情報の取得には五〇〇キロヘルツの高周波数、地質情報の取得には八〜一五キロヘル

図14　海底地形探査模式図（池田編『科研費調査研究報告書』第3冊，2011）

ツの低周波数を用いることが多い。前者の周波数五〇〇キロヘルツでは波長三ミリ、伝わる最長距離は約一五〇メートル程度、後者のなかの周波数一〇キロヘルツでは波長一五センチ、伝わる最長距離は一〇キロほどとなる（Jhon Perry Fish, H Arnold Carr 一九九〇原著・土屋訳二〇〇三）。

音波探査機器を利用して海底地形情報を取得する際には、発信と受信ができる装置を調査船から海中に降ろし、調査船の進行方向に対して音波を一定の間隔で直角方向に発信し、海底面から戻ってきた連続的な反応を捉えて画像化する。発信機からの音波は機器の設定によって異なるが、基本的に一二〇度の広角で発信されることから水深一〇メートルの海底であれば、水深の倍数となる二〇メートルの範囲の海底地形情報が得られる。このことは水深が深いほど一回の航行で情報を取得できる海底の範囲が広がることになる。したがって、海底地形情報の取得は水深が浅い場所ほど調査船の航行間隔を狭くする必要があり、深くなるにつれて広くすることができる

（図14）。

これと同様に海底地質情報取得の場合も音波の発信角度が一定であれば、水深が浅いほど海底の狭い範囲の地質情報、深くなるほど広い範囲の情報が得られる。しかし、海底地形情報と異なり、海底地質情報は取得した情報を調査船の進行航路に沿った断面の状態で画像化して提示する。このため、水深が深ければ深いほど調査船の進行方向に沿った広範囲の情報が一面の断面情報に集約されて提示されることになる。このことからすれば、海底地質情報の取得の場合にはできる限り音波の発信角度を狭くした方が断層情報として一面の断面情報に表わされる海底の範囲を狭くすることができるのである。

新たな音波探査装置の導入

二〇世紀代の音波探査装置には以上のような特性、考古学的立場からすれば活用の際の問題点があった。音波探査で取得した海底地形や地質の情報はかなり大雑把であり、もう少し詳細化しなければ音波探査機器を海底遺跡の調査に使用することは難しかったのである。しかし、二一世紀に入り、音波探査装置や位置情報測位システム（GPS）には大きな進展がみられた。

まず、音波探査装置は従来の曳航型とは異なり、発受信機を調査船の船側に取り付けることが可能となった。また、位置情報測位システム（GPS）の精度も格段に高まり、ズレをセンチ単位にまで抑えることができるようになった。さらに、それまでの音波探査では探査情報をロール紙に打ち出していたが、コンピューターの記憶装置の容量が飛躍的に増加したことにより、取得した大量の探査情報を記憶媒体に蓄えることが可能となった。このコンピューターの記憶容量の増大はパソコンでできる作業を飛躍的に増加させることにもつながり、調査船の位置情報と調査船から発受信された音波探査の取得情報を連動させるとともに、海底地形と地質に関する画像をリアルタイムでパソコン画面（モニター）上に表示することも可能になった。

これらの情報を私にもたらしたのは荒木伸介さんである。荒木さんは東海大学海洋学部教授の根元謙次さんがこれらの機器の使用実験を重ねている情報を得て、鷹島海底遺跡の音波探査に用いてみることを提案したのであった。

音波探査の試み

新しい探査手法の実施

根元さんと初めて会ったのは二〇〇四（平成一六）年一〇月一七日のことである。私は特定領域研究の一環として、「東アジアの水中考古学」をテーマとした国際シンポジウムを福岡市で開催した。その場に荒木さんが根元さんを伴って参加したのである。その際、根元さんは東海大学が保有する音波探査装置は従来の曳航型とは異なり、発受信機を調査船の船側に取り付ける仕様であること、位置情報測位システム（GPS）は地上に中継局を設置することによって精度の飛躍的な向上が図れること、また調査船に取り付けた音波探査装置および位置情報測位システム（GPS）の情報と風や波によって起こる調査船の揺れとの関係を自動的に調整するモーションセンサーの使用によって、調査船を常に水平な状態とみなした調査情報が取得できることを説明した。説明を聞く限りにおいて、もしこれが実際の調査で使用できるならば、これまでの鷹島海底遺跡での音波探査が抱える問題はほぼ解決できると考えられた。そこで、根元さんに依頼し、翌〇五年に鷹島海底遺跡での実験的な海底音波探査実施を承諾してもらった。

艤装

二〇〇五（平成一七）年八月三〇日に根元さんと研究室の学生たち、荒木さんと私は鷹島の殿《との》ノ浦《うら》港に集合した。そして、根元さんたちが運んできた機器を地元の鷹島漁業協同組合に依頼してお世話いただいた借り上げ漁船に積み込んで調査船に仕立てた。この時、さまざまな機器を船に取り付けることを根元さんたちが艤装《ぎそう》と呼ぶことを知った。私はそれまで艤装とは軍艦に大砲などの武器を備え付けることを示す軍事専門用語だと思っていた。

この時、艤装した装置は超高分解能フォーカストマルチビーム測深システム（SeaBat7125、以後、省略してシーバットとする）および高分解能地層探査装置（StrataBox、以後、省略してストラタボックスとする、図15）、それに高精度位置情報測位システム（DGPS）とモーションセンサー、これらの情報を画面上で確認するためのモニターを含むパソコン一式である。このなかのシーバットは海底地形情報、ストラタボックスは海底地質情報の取得を行う機器であり、発受信器部分を船側に取り付け、その反応を映像化して写し出すモニ

図15　高分解能地層探査装置（ストラタボックス）送受信部

ターを含むパソコンは借り上げた漁船内に張った小さなテントのなかに置く（図16）。高精度位置情報測位システム（ＤＧＰＳ）は船上に取り付けられたアンテナ脇、モーションセンサーは船内中央の横梁の上に設置された。

探査機器の艤装と並行して、鷹島町役場建設課で鷹島内に設けられた三角点や地籍調査の際に打った道路上の測量基準鋲の位置と座標を教えてもらい、これを基準として海上からの見通しのよい神崎港や床浪《とこなみ》港、浦下浦《うらじもうら》などの護岸に位置情報測位システム（ＧＰＳ）を補完する地上局を設定した。そして、さまざまな探査機器類と地上局を設置した位置情報測位システム（ＧＰＳ）

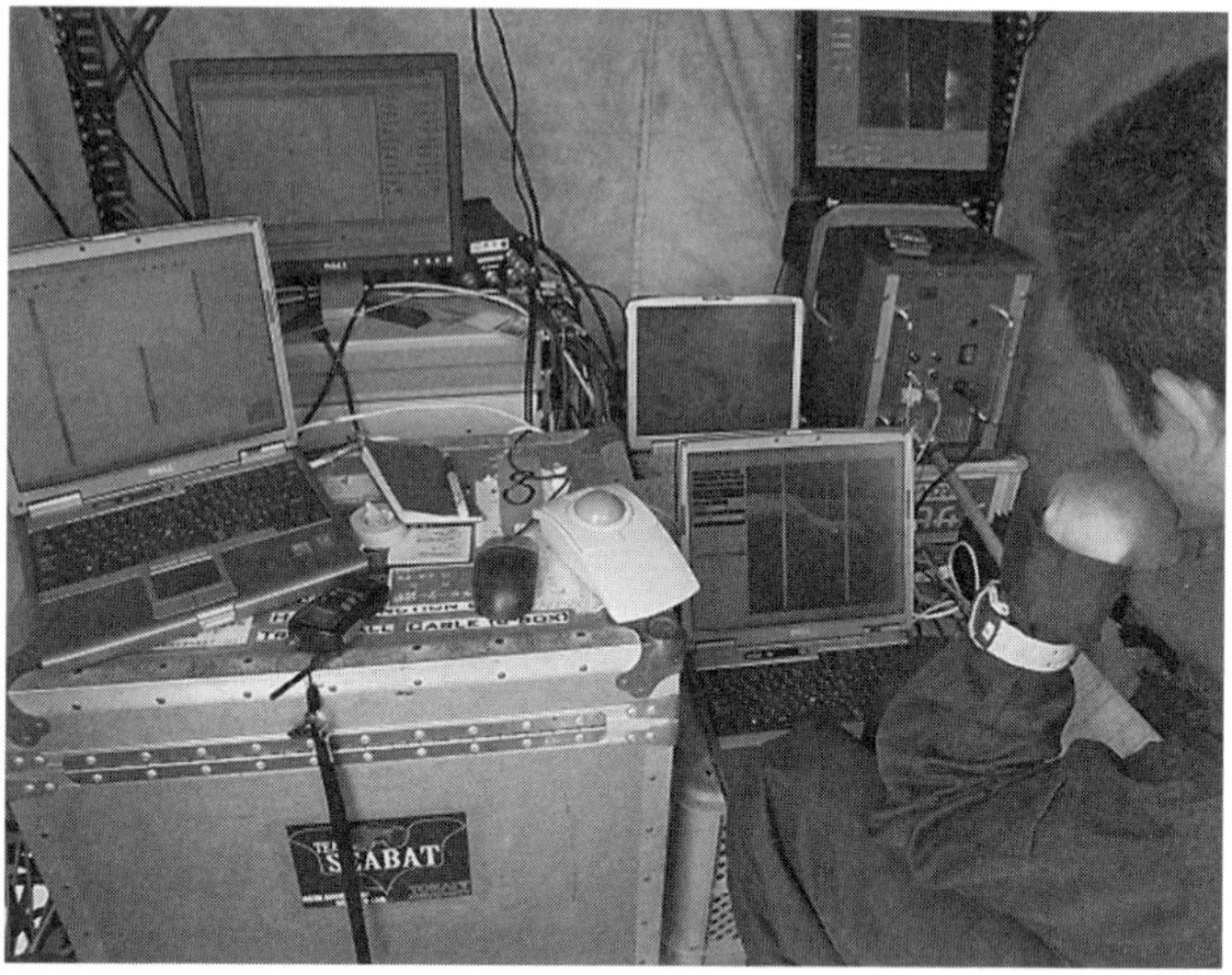

図16　調査船内に持ち込んだ探査機器モニターの様子

が問題なく稼動することを確認するテストランを行って、いよいよ探査が始まったのである。

探査作業と調査船長

これらの準備を経て九月一～四日の間に実施した音波探査調査では鷹島南海岸沖合を東西、あるいは南北方向に約五〇メートルの間隔で調査船を航行させ、海底地形と海底地質に関する情報を取得した。東西あるいは南北方向の航行には借り上げた漁船の操舵室に進行方向を指示するモニターを置き、モニターに示される進行方向にしたがって調査船を走らせなければならない。また、音波探査情報取得のためには船速を二ノット（一ノットは時速一海里

〈一八四二メートル〉）程度に保つことが必要となる。調査船の操舵は借り上げた漁船の持ち主である船長にお願いするのだが、日頃海上を自在に航行している船長にとってモニター画面を見ながら決められた方向に一定の速度を保ちながら航行することはなかなか面倒なことであることはいうまでもない。さらに調査船には船側の片側に音波探査装置の送発信機が艤装されてバランスが悪いうえに、風や波は日によってまた時間帯によって変化する。気の短い船長であれば、あれこれと制約が多い探査船業務を放り出すか、怒り出してしまうのも仕方がないような作業である。しかし、船長は音波探査にかける参加者の醸し出す雰囲気に知らず知らずのうちに飲み込まれ、伊万里湾内を決められた間隔でゆっくり行き来する単純で面倒な作業に不平を漏らさず付き合ってくれた。

その後、音波探査を含む調査のたびに私たちの研究チームでは鷹島漁業協同組合（市町村合併後、漁業協同組合も合併され、新松浦漁業協同組合となった）に依頼し、地元の漁船を調査船として借り上げすることが慣例となったが、協力いただいた船長さんたちは誰一人として不平を漏らすことなく、調査に協力していただいた。私たちの調査研究の成果はこのような地元のみなさんの理解と協力の賜物であることを感謝の意を込めて記しておきたい。

一方、調査船上に張った小型テントのなかでは、調査船の航行方向を指示するために操舵室においたモニターと同じ画像のほか、シーバットとストラタボックスが取得した反応をリアルタイムで画像化して表示するモニターがそれぞれ設置されている。根元さんたちは航行中のテント内に籠り、その日の調査区を対象として予め設定しておいた航行ラインにしたがって調査船を誘導し、一本ずつ探査を終えていく。航行ラインには個別に整理番号が振られ、新たな航行ラインに移るたびにパソコンデータを記憶保存するとともに、手書きの調査票に航行ラインの整理番号と時間をメモしていく。また、航行中に気になる反応があればその都度、パソコンデータにチェックを入れるとともに手書きの調査票にチェック番号と時間、反応に対する簡単なコメントが書き込まれていくのである。

九月初旬の残暑の陽射しが残るなか、調査船上の仮設テントのなかはむせ返るほどの暑さとなる。そのなかで、一日中モニターを凝視しながら続ける探査作業はまさに過酷としか言いようがない。しかし、根元さんも参加した学生たちも驚くほど元気で楽しそうに作業を進めているのである。その姿には自ずと頭がさがると同時に、この調査に期待する思いをひしひしと感じざるを得なかった。

音波探査の成果

四日間の音波探査は根元さんたちにとっても、荒木さんや私にとっても極めて貴重な体験と成果をもたらした。船側に艤装した音波探査装置と船上に設置した高精度位置情報測位システム（ＤＧＰＳ）はしっかりと連動し、これによって取得された情報は地理情報システム（GIS）ソフトによって合成され、鷹島南海岸海域の一部について海底地形図と五〇<ruby>メートル</ruby>おきの海底地層断面情報図ができあがった。海底地形図には船舶と思われる画像のほか、海底面に露出したいくつかの不思議な画像が認められ、それらの座標情報も確認された。海底地層断面情報図では海底堆積層の厚さや基盤岩盤までの深度、堆積層内にみられるいくつかの異常な反応などが捉えられ、その座標情報が獲得された。根元さんが提案した音波探査装置による作業は私たちの研究チームの期待に応える情報を充分に提供してくれることが明らかとなったのである。

音波探査装置の有効性が確認できたこととともに、借り上げた漁船を調査船として探査を実施する際の手順や伊万里湾の地形や天候に合わせた調査船の航行手法、一日でできる作業量の日安などが確認できたことも大きな収穫となった。これによって、今後伊万里湾全域で音波探査を実施する場合の作業手法と作業日数などについて、大まかな積算を行う根拠が獲得できたのである。

そこで、この成果を鷹島町教育委員会に報告するとともに、私たちの実験的な音波探査では一部に止まった鷹島海底遺跡の周知範囲である鷹島南海岸沖合全海域の海底地形および地質情報の取得を目的とする追加調査を提案した。この提案に対して鷹島町教育委員会は理解を示し、追加調査が実施された。これにより周知の遺跡の範囲である鷹島南海岸一帯の詳細な海底地形図ができあがるとともに、五〇㍍《メートル》おきの海底堆積層断面情報図が完成したのである。

さらなる調査のために

九月に実施した音波探査の成果を受けて、荒木さん、根元さんと私は、佐伯さん、中島さんを交えてその後の対応について相談した。そこでは根元さんが試みた音波探査手法を採用して伊万里湾全域を対象海域に拡大した音波探査を行う必要があることを確認するとともに、これを実施するための予算をどのように確保するかが問題となった。なぜならば、今回の音波探査は特定領域研究の一環として実施したが、特定領域研究の採択期間は二〇〇三～〇七（平成一五～一九）年度までの五年間であった。このため、残り二年間となった採択期間内で伊万里湾全域の音波探査を行うことは時間的にも予算的にも無理であることが明らかだったのである。

また、音波探査で得られた海底面に露出した船舶とそのほかの反応、および海底堆積層中にみられる異常な反応については音波探査の情報だけでは何であるかを確定することは難しかった。これを確認するためには改めて水中考古学的調査を実施する必要があることは参加したみんなの共通した認識であった。そして、これを解決するためには新たな調査研究を計画しなければならないことについても意見の一致をみた。

さらに、鷹島での調査を進めるなかで実感されたことは、蒙古襲来に関する文献記録をはじめとする関連史資料についての総合的な研究が意外となされていないことであった。蒙古襲来に関する関心は高いものの、それは『蒙古襲来絵詞』に描かれた蒙古軍船や蒙古兵との戦闘の推移を含めた日本側の資料に限ってのことであり、戦闘の相手となった蒙古(元)や高麗《こうらい》の側ではどのような記録が残り、研究が進められているのか、ほとんど情報がなかったのである。この点においては井上靖《いのうえやすし》の小説『風濤《ふうとう》』が蒙古(元)や高麗についてのさまざまな情報を提供してくれる身近な存在であったが、これを超える学術的な蒙古(元)や高麗の関係史資料調査の必要性が実感されたのである。

そこで、協議の結果、蒙古襲来関係海底遺跡の解明を目指した新たな研究「長崎県北松浦郡鷹島周辺海底に眠る元寇関連遺跡・遺物の把握と解明」を立ち上げることにした。この研究では伊万里湾に残された蒙古襲来の痕跡を徹底的に把握し、その内容を明らかにするとともに、蒙古襲来の東アジア史における評価を試みることを目的に掲げた。そして、①音波探査装置を用いて伊万里湾全域の海底地形図を作成するとともに、海底地質情報を取得し、海底堆積層中に埋もれている蒙古襲来関係遺物の分布状況を把握すること、②音波探査で作成した海底地形図と地質情報を踏まえた水中調査を実施して、蒙古襲来関係遺物を調査する方法を確立すること、③蒙古襲来に関する中国、韓国、日本に残る史資料のデータベースを作成し、東アジア史における蒙古襲来の歴史的評価を試みること、を具体的作業内容に定めた。そのうえで、これを文部科学省が募集する二〇〇六年度の科学研究費補助金基盤研究（S）領域に申請することにしたのである。申請メンバーは特定領域研究に参画していた佐伯さん、中島さん、後藤さん、私に根元さんを加えた五人であり、荒木さんには大所高所からの指導をお願いすることとした。

科学研究費の申請は例年、前年度の一一月頃が応募締め切りであり、私たちの申請はこれに辛うじて間に合うタイミングであった。しかし、伊万里湾に埋れた蒙古襲来の痕跡を明らかにしたいという全員の切実な思いがこもった申請となった。

動き出す新プロジェクト

応募した科学研究費補助金の採否が二〇〇六（平成一八）年四月に発表された。結果は採択であった。採択期間は申請通りの五年間、調査のための予算は年平均約一五〇〇万円ずつが確保された。採択を荒木さんと科学研究費補助金申請チームのメンバーである根元さん、佐伯さん、中島さん、後藤さんに知らせるとともに、採択期間内で実施する調査研究の進行計画について協議を行った。

その結果、三つ掲げた作業内容のなかで、根元さんは先に掲げた①について、研究期間内に伊万里湾全域の音波探査を行い、その海底地形図の作成と堆積層に関する情報の収集を担当することとし、手始めの初年度は前年度に実施した鷹島南海岸一帯からさらには南側となる福島西側海域での音波探査を九月に実施することにした。佐伯さんは五年間の研究期間の間に③について、中国、韓国、日本に残る蒙古襲来関係史・資料のデータベースを作成する計画を立て、蒙古（元）関係については同じ九州大学講師の舩田善之さん、高麗関係についてはやはり九州大学助教授の森平雅彦さんに協力を依頼することにした。また、これらの中間取りまとめとして、二〇〇七（平成一九）年一二月に開催予定の九州史学会で、蒙古襲来についてのシンポジウムを実施することを提案した。私は中島さん、後藤さんと協力しながら、これまでの鷹島海底遺跡の調査で出土した大量の遺物がほとんど資料化されていない状況を踏まえて、まずは重要な遺物を選び考古学的資料化を行うことにした。そのうえで、根元さんによる音波探査の進行状況に応じて、②について、蒙古襲来関係遺物の検出を目指した水中考古学的調査を実施する計画を立てた。また、将来の水中考古学研究の展開に備えた人材の育成について、琉球大学で考古学を学ぶ学生を対象として試みることにした。

松浦市との連携

二〇〇六（平成一八）年一月一日鷹島海底遺跡を管理する鷹島町と南隣の福島町、伊万里湾を挟んだ対岸の松浦市が合併して、新「松浦市」が誕生した。これにより鷹島海底遺跡を含む伊万里湾の全域はほぼ松浦市の管轄下におかれることになった。合併以前の鷹島町教育委員会では「鷹島海底遺跡調査整備指導委員会」を設置していたが、合併を期に松浦市教育委員会が設置する「鷹島海底遺跡調査指導委員会」に改められた。そして、委員には鷹島町の段階から参加していた西谷さん、荒木さん、高妻さん、佐伯さんと私に加えて、福岡市立埋蔵文化財センターの元所長折尾學さんと旧松浦市文化財保護委員会から二名の委員が任命された。五月に開催された最初の委員会で委員長に西谷さん、副委員長に荒木さんが改めて選任された。

なお、委員会が開催された五月二五日には科学研究費の採択が決定していたことから、その場で科学研究費採択期間中の松浦市との連携をお願いし、以後の調査研究については松浦市と私たちの研究チームの間で協力体制を構築することが了承された。そこで、委員会の後に松浦市との協議を行い、鷹島海底遺跡出土遺物の考古学的資料化作業と伊万里湾全域の海底地形および地質情報の収集作業を共同で進めることにした。そして、昨年度に実施した試験的な海底音波探査によって良好な情報の取得が見込まれることが明らかとなった海底地形および地質情報の収集については松浦市教育委員会が継続的に実施し、私たちの研究チームでは取得した海底地形および地質情報の詳細確認調査を担当することにした。

その背景には音波探査で取得した海底地形や地質に関する情報はあくまでも音波探査の反応情報をパソコン上で画像化したにすぎず、これが蒙古襲来に関係するかどうかについては実際に現地での確認が必要であることによる。音波探査によって海底のいろいろな反応物が捉えられたとしても、それが一体何なのかを実際に確認しない限り、ただ何かがあるという情報にすぎない。情報が蒙古襲来に関係するかどうかを確認するには水中ロボットカメラや人間の潜水による視認、あるいは海底試掘調査による確認作業を行わなければならない。この実験的な確認作業とその手法の開発を私たちの研究チームで担当することにしたのである。

松浦市との調査

二〇〇六（平成一八）年九月伊万里湾での蒙古襲来関係遺跡・遺物の把握と解明を目指した松浦市と私たちの研究チームの本格的な調査研究が始まった。調査開始を前にして、前年度に根元さんたちが実施した実験的な音波探査の取得情報については、情報量が膨大であったにもかかわらず、大学へ持ち帰っての整理が行われていた。調査の現場では気になった反応をチェックしたパソコン上の探査データと、それぞれのチェック番号およびその時間、気になる内容についての簡単なコメントを書き込んだ手書きの調査票の二つを作成していたが、これがすべて見直してあったのである。見直しでは蒙古襲来関係遺物の可能性が高いと思われる音波探査反応を改めて選び直したうえで、新たな番号を付ける作業も行われていた。この際、実験的な音波探査を行った海域は鷹島の神崎港沖合海域を中心としていたことから、選び出した音波探査反応には地名のアルファベット頭文字を取ってKZ（KoZaki）〇一～〇〇とする一覧表が作成されていた。

これを踏まえ、松浦市が受け持つこととなった探査では昨年度と同様の音波探査を伊万里湾全域に拡大して実施することにし、初年度は市町村合併によって新たに松浦市となった福島（FK、FuKushima）の沖合海域を調査対象とした。以後、伊万里湾を東から西へ移動し、松浦市今福（IM、IMahuku）、調川（TK、TuKinokawa）、御厨（MK、MiKuriya）、船唐津（FT、FunaTouzu）沖合海域の順で音波探査を続けた。この音波探査作業は補足探査を含めて最終的には七年を要することとなる。

取得した音波探査情報を踏まえて、我々の研究チームでは根元さんたちが海底地形探査で作成した一覧表に選び出されていた海底面のさまざまな反応について、二〇〇九（平成二一）年六月に水中カメラロボットと潜水による視認調査を試みた。この結果、海底地形情報に現れた反応は近現代のグラスファイバー船や鋼鉄船、海面で行う養殖用の養殖筏《いかだ》を固定するためのアンカー（錨《いかり》）や廃棄された養殖筏の残骸など、蒙古襲来とはまったく関係のない反応物ばかりであることが明らかとなった。調査前には海底面に露出した状態の元軍船が見つかることを密かに期待していたが、やはり有り得ないことだったのである。その原因については後で詳しく説明するが、海底堆積土の中には木材を好むフナクイムシがいて、沈没した元軍船に用いられた木材を蚕食《さんしょく》してしまうことによる。

また、海底地質情報として捉えた反応の確認については、科学研究費補助金による調査開始初年度の二〇〇六年から新たな探査機器を導入することにした。前年に行った実験的な音波探査では海底地形情報の取得にストラタボックスを用いていたが、ストラタボックスは海底に発信する音波の発信角度が一二〇度であり、発信された音波は海底面に対して円錐《えんすい》形状に広がる。このため、調査船の進行方向に沿って取得される海底地質情報はかなりの広範囲に及ぶにもかかわらず、これがパソコンで表現される画像では一枚の地層断面上に集約されてしまうことは前に述べておいた。

新たに導入することにした高分解能地層探査装置（ドイツInnomar社製SES2000、以後はSES2000とする、図17）は発信する音波の発信角度が一・八度であり、音波の広がりは極めて狭い範囲に集約される。また、発信する音波は周波数一〇〇キロヘルツを基本とし、四・六・八・一〇・一二・一五キロヘルツに変えることできる。したがって、ストラタボックスで得られたかなり広い範囲の海底堆積層中の情報について、新たに導入したSES2000を用いて再探査すれば、広範囲で得られた反応情報のなかからさらに細かい所在位置の絞り込みが可能となる。そこで、調査船を五〇《メートル》間隔で航行させて取得したストラタボックスによる反応地点に対して、新たに導入したSES2000では調査船の航行間隔を五〜一〇《メートル》に縮め、さらに必要な場合は調査船を東西南北方向の格子状に航行させて、より

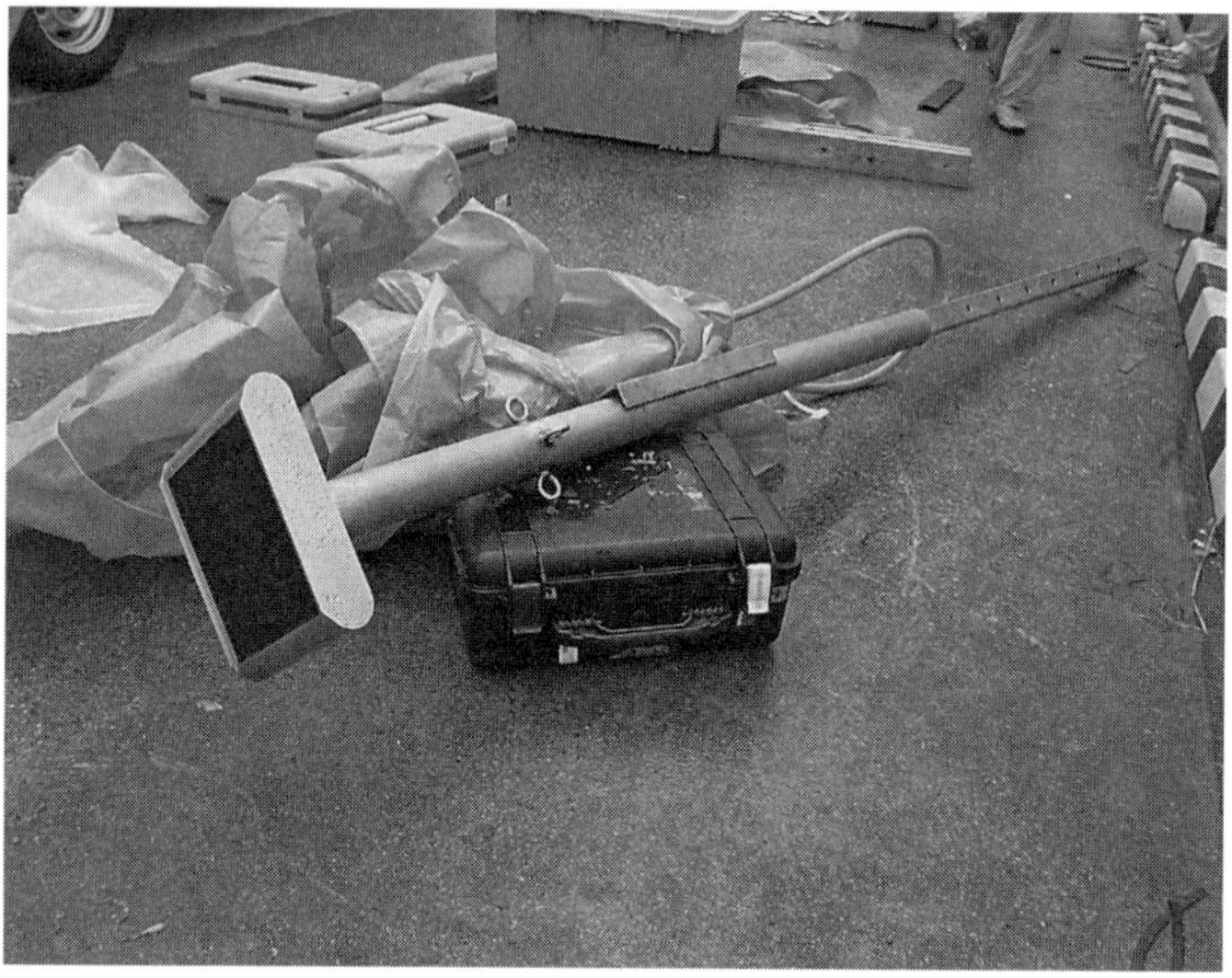

図17　高分解能表層地層探査装置（SES2000）送受信部

細かい海底地質情報を取得することにしたのである。

SES2000導入の結果、ストラタボックスによる広域海底地質情報の取得を先行して行い、その情報に基づいてSES2000による詳細調査を行うことが極めて有効であることが明らかとなった。そこで、SES2000を用いた詳細地質探査は基本的に私たちの研究チームが実施する調査に投入することとした。これを受け、当初、決めていた音波探査の役割分担のなかで、松浦市の広域地質探査作業を概査、私たちの研究チームが行う詳細地質探査作業を精査と呼ぶこととした。

海底地質探査反応の物性

松浦市と我々の研究チームとの役割分担による音波探査作業は順調に滑り出した。調査船を五〇《メートル》間隔で航行させて採取したストラタボックスの海底地質情報に基づき、調査船を五～一〇《メートル》間隔で格子目状に航行させて取得するSES2000の海底地質情報では海底面下の反応の座標位置と海底面からの深さ、広がりなどの絞り込みが進んだ。しかし、これらが一体何に反応しているのかについては、伊万里湾以外の音波探査の経験を持つ根元さんをはじめとする東海大学のみなさんにも明確に判断する情報がなかった。それは当然のことで、海底地質の研究を行っている根元さんたちは日頃、地層の変化や断層の存在を調査するために音波探査を実施しているのであって、我々の研究チームが求めている蒙古襲来関係遺物の探索を行っているわけではないのである。

だが、私たちの研究の目的は伊万里湾における蒙古襲来関係海底遺跡の解明であり、そのためには海底面下に埋れている大量の音波探査反応のなかから蒙古襲来に関係する反応を選び出さなければならない。この作業に積極的に取り組んでくれたのは音波探査に参加していた東海大学研究員の滝野義幸さんである。

滝野さんは根元さんのもとで海洋地質学を学んだ経験を持ち、音波探査機器を用いた海底地形や地質調査の経験も豊富だった。伊万里湾での音波探査に参加するなかで、次第に蒙古襲来と水中考古学に関心を深め、海底音波探査手法と水中考古学研究が連携するために必要なデータ分析の役割を引き受けてくれたのである。そして、海底音波探査の反応は海底堆積層中に含まれる石材、木材、貝殻、あるいは堆積層内の砂質や土質の違いなど、さまざまな物性の対象物に反応していることが考えられ、これを判別するにはすでに内容が明らかとなっている水中遺跡での海底堆積物を対象としてSES2000による音波探査を試み、その反応状況を参考にすることが必要であるという意見を述べた。

音波探査情報を選別する試み

滝野さんの意見を聞いて、海底堆積層内に内容物が明らかな素材が埋れている場所を考えた時、北海道江差《えさし》港に沈んでいる開陽丸《かいようまる》の存在をあげたのは荒木さんである。荒木さんによれば開陽丸は防波堤で二分されており、防波堤外については発掘後に船体と遺物の引き揚げを行ったものの、防波堤内の船体と遺物については現地保存されているという。開陽丸の船体は一部に金属素材が用いられているものの多くは木造であり、特製の銅網とシートで覆った保全処置が施されていることから、銅網や船体に用いた木材および金属の反応を確認したいのであれば、SES2000による開陽丸での音波探査を試みてはどうかと提案したのである。

開陽丸での音波探査

荒木さんの提案を受け、二〇〇八（平成二〇）年六月に開陽丸での SES2000 を用いた音波探査を実施することになった。現地調査は主に滝野さんが担当し、まず江差港内の海底地形情報を取得して開陽丸の位置を確認した後、SES2000 を用いて開陽丸船体の上を繰り返し航行し、断層情報を取得した。この際、SES2000 から発信する音波の周波数をこれまで用いてきた八キロヘルツだけでなく、一〇キロヘルツ、一二キロヘルツ、一五キロヘルツに切り替え、周波数によって反応情報がどのように変化するかを確認することにした。

この結果、音波探査の音波は開陽丸船体の木材と保存に用いられた銅綱をしっかりと捉えていることを確認した。また SES2000 から発信する音波の周波数を変えた場合、開陽丸船体に用いられた木材やこれを覆う銅綱は探査を試みた周波数のなかの一二キロヘルツや一五キロヘルツでは船体表面が特に強く反応しているのに対して、八キロヘルツでは船体表面だけではなく船体下半部も探査反応として捉えられることが明らかとなった。この反応結果について、滝野さんは開陽丸の船体が海水に接する状態で現地保存されていることが大きく影響しており、今回の探査実験だけでは木材に反応する周波数が八キロヘルツだけであると特定できたとは考えられないとする控えめなまとめを行った。

なお、開陽丸では船体木材を特製銅網で覆った保全処置を施していたが、銅網についてはすべての周波数の音波において木材上の強い反応として捉えていた。このことは開陽丸以外の海底遺跡でも堆積層内にまとまって残る金属製品があれば、探査に用いるどの周波数でも確実に捉えることができる可能性を示している。

探査情報の類型化

開陽丸で採取したSES2000による海底面下の音波探査反応を踏まえて、滝野さんが取り組んだ作業はSES2000で取得した伊万里湾の音波探査反応を分析し、類型化することである。これまで紹介してきたように音波探査で得られた海底堆積層中の反応は海底面からの深度や反応時間の長さ（反応物の大きさ）、反応の強弱（物性の違い）などがそれぞれに異なっていた。私たちの研究チームではこのなかから蒙古襲来に関係すると想定される反応を選び出す作業を行わなければならないが、地上の考古学的調査とは勝手が違って海底堆積層中の音波探査反応を分類する基準や経験は私たちにはまったくなく、お手上げの状態に近かった。これについては音波探査を専門とする滝野さんの協力を得るほかになかったのである。

この作業のなかで滝野さんは反応時間の長さ（反応の大きさ）と反応形状に基づいて分類することにし、大きく九つに類型化した。そして九つに類型化した反応に想定される物性（碇石《いかりいし》、陶器、木材、貝殻、砂層、粘土層など）を提示したうえで、それぞれの反応物の堆積過程についての推定をまとめた。滝野さんが九つに類型化した音波探査反応地点リストを受け、私たちの研究チームでは蒙古襲来に関係すると思われる確率が高い反応の優先順序を定めて水中考古学調査を実施することになるのである（図18）。

海底位置情報の確認方法

海底地形および広域地質情報を取得する概査の進行とともに座標情報を持つ伊万里湾の海底地図が次第にできあがり、さらにその後の精査によって海底面下の反応についても座標上の位置や反応の大きさ、海底面からの深さなどが絞り込まれてきた。これを受けた水中考古学的調査では絞り込んだ反応物の座標位置に潜り、水中調査を行わなければならない。しかし、海底面下の反応についての座標上の位置がわかったとしても、実際の海底面には座標位置を特定する際に参考となる目印が存在することはほとんどない。

私たちの研究開始以前の鷹島における調査ではこのように目印がない海底面で特定の座標位置に到達する作業を行う場合、調査船に備えてある位置情報測位システム（GPS）を利用して調査船を目的とする座標位置に誘導し、そこに到達した時点で目印のブイを結びつけたアンカーや鋼管《こうかん》を水中に投下する。その後、作業ダイバーが潜水して海底に着底したアンカーや鋼管の位置を確認し、ここをそのまま目的とする座標位置とみなしていた。しかし、私たちの研究チームでこの方法を採用して調査船の同一の場所から複数のアン

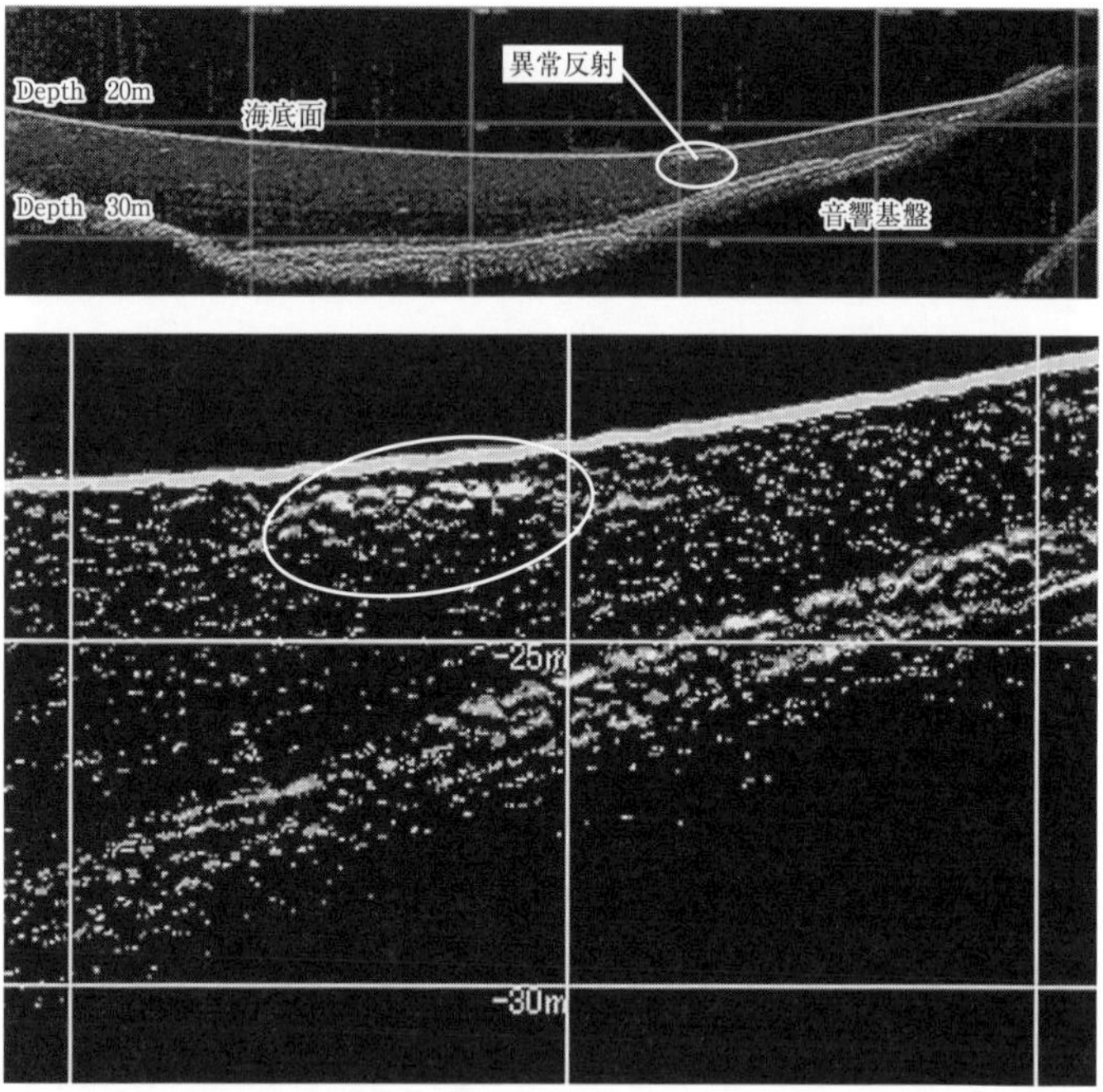

異常反射（白丸部分）の拡大図

図18　鷹島1号沈没船の音波探査反応（SES2000・周波数8kHz，池田編『科研費調査研究報告書』第3冊，2011）

カーを同時に投下する実験を行うと、海底の着底位置にはかなりのばらつきがみられた。これは水深やその日の潮流、風向きなどによっても異なる結果となり、座標位置が大きく外れることはないものの、正確かつ安定的な方法とは考え難かった。

　これを受け、私たちの研究チームでは二〇〇八（平成二〇）年度と翌〇九年度に簡易な音波発信機を海底まで運び、これが発信する音波を調査船側に艤装した受信機で受信し、新たに導入した調査船上の高精度位置情報測位システム（DGPS）と同調させることによって海底面の座標位置を計測する機器（トランスポーター）の導入を試みた。しかし、これも安定的な測位手法にはなり得なかった。

　そこで、二〇一〇（平成二二）年度からは農業用プラスチックコンテナに一《メートル》四方ほどの鉄板を括り付け、鉄板が海底面から五〇《センチ》～一《メートル》の位置になるように置いた後、調査船に艤装した海底地形探査装置で鉄板の座標位置を計り出し、目的とする座標位置に到達するまで海底面の鉄板を動かすことにした。これについて、はじめは調査船への音波探査装置の艤装とその解除に要する時間と手間を考えた場合、水中考古学的調査の際の座標を確認する作業だけのために音波探査装置を用いることは避けて、もっと安易な方法で目的とする海底座標位置に到達する手法を確立したいと考えていた。このことが前述したトランスポーターの導入実験につながっていたのである。しかし、最終的には水中考古学による調査にとって最初に必要となる海底での座標位置の確認にも、音波探査装置を活用することがもっとも間違いのない方法であることが実感されることになった。まさに「急がば回れ」であった。

なお、最初、海底に持ち込んだ鉄板についてはその後、焼網《やきあみ》でも十分に音波探査装置での捕捉が可能であることがわかった。このため、途中からは軽い焼網に替えたが、これもあれこれ試してみないとわからないことであった。鉄板から焼網への変更は簡単なようではあるが、作業を行う立場からすれば重たい鉄板と軽い焼網の取り扱いには格段の違いがあり、海底での作業の省力化が図れる重要な発見であった。

水中考古学的調査手法の模索

調査箇所の選定

滝野さんが九つに類型化した音波探査による海底堆積層中の反応について、水中考古学的調査を実施するにあたっては新たな問題がいくつか発生した。その一つは水深の問題である。伊万里湾は周辺海岸に接する浅い海域だけではなく、深度七〇メートル以上の深い海域がある。ここで潜水調査を行う場合、深度が増すほどに人体に対する負荷が大きくなる。また、深深度での水中調査は作業時間の制限が厳しくなり、これに比例して調査に要する費用も増大する。現在の安全管理の目安からすれば、調査深度は三〇メートルより浅い海域が望ましく、一回の潜水作業時間も水深三〇メートルでは三〇分以内、水深二〇メートルでは四五分以内程度となる。水中遺跡における潜水調査はできる限り浅い海域で実施することが理想的なのである。そこで伊万里湾での水中考古学的調査では基本的に水深二〇㍍《メートル》以浅の海域で確認した音波探査反応を対象とすることにした。

しかし、この水深の海域は伊万里湾で盛んなフグやタイ、マグロなどの養殖生簀《いけす》の設置環境とも重なるため、海上には養殖生簀が設置されていることが多く、この場合は調査が難しい。その理由は海底堆積土中には繊毛虫《せんもうちゅう》（和名＝白点虫）が生息しており、海底での発掘調査を行うと発掘に伴なって巻き上がる海底堆積土の濁りに繊毛虫が紛れ込み、海上に設置した生簀まで浮かび上がることがある。この時、繊毛虫が生簀内の魚体に寄生すると白い斑点が生じ、場合によっては死亡することもある。この繊毛虫による被害が起こり、損害賠償問題が起こる危険性を考えると、養殖生簀が設置された海域周辺海底での水中発掘調査は基本的に断念せざるを得ないのである。また、養殖生簀の設置には生簀を固定するためのシンカー（錘）やロープが用いられているため、生簀設置場所だけではなくその周辺でも調査船の航行が制限され、音波探査ですら難しい場合がある。

二つ目は確認された音波探査反応の海底面からの深さの問題である。その理由は海底面からの深度が深ければ、これに比例して掘り下げなければならない堆積土量が増大する点にある。海底での発掘調査には大型機材を用いることは難しく、水中での掘り下げ作業は堆積土を横移動させる水中ドレッジや、海底堆積土を海面上まで運び上げるエアーリフトを用いる。これらの機器の操作は潜水した人手によらざるを得ないため、海底面からの深度が深ければ目的の深度に達するまでの掘り下げに長い時間を要することとなる。また、掘削深度が深まるほどに調査区壁面の崩落が起こりやすくなることから、これを避けるためには予め調査区を広く設定しなければならなくなり、この点でも調査効率が著しく低下する。したがって、水中調査の対象となるのはできる限り海底面からの深さが浅い場所にある反応がよいこととなる。

突き棒調査

水中考古学的調査を実施する場合、陸上の遺跡と同様にいきなり発掘調査を始めるわけではない。発掘の前には音波探査で捉えていた反応について予め突き棒で確認する作業が重要となる。

これは陸上の調査で行う突き棒（ピンポール）よる刺突調査にあたる。前述したように音波探査による海底地層断層情報は海底地層から得られた反応をパソコン画面上にデジタル画像化したものであり、これだけでは反応物が何であるかを判別できない。これを確認するためには発掘することが最も確実な方法であるが、類型化したすべての反応を発掘によって確認することは時間的にも経費的にも難しい。そこで、まずは反応の深度に応じた長さの突き棒（私たちの研究チームでは長さ二メートルのアルミニウム製）を用いて、反応物の物性を手応えで確認する作業を行うのである。

海底堆積層と蒙古襲来関係遺物

では突き棒調査ではどのような蒙古襲来関係遺物に遭遇する可能性があるのだろうか。

そこでこれまでに行われた鷹島海底遺跡の調査で出土した蒙古襲来関係遺物を確認すると、元軍船の船体を構築する木材をはじめとして、積荷である陶磁器や磚《せん》（レンガ）、船体のバランスをとるために積み込まれたバラスト用石材、石弾や円球状土製品（てつはう）、刀剣や弓矢、甲冑《かっちゅう》などの武器・武具類などがあった。また、これらの蒙古襲来関係遺物が埋もれていた海底堆積層には発掘調査地点ごとに少しずつ違いがみられ、貝殻や軟らかい流入土、粘土質のシルト層、硬い砂、海岸からの転石など、さまざまな堆積物によって形成されていた。なお、ほとんどの伊万里湾海底では表層に軟らかい浮泥層（約二〇～三〇《セン》《チ》）があり、その下に粘土質のシルト層がみられる。このシルト層は海底面下約一《メー》《トル》前後で硬いシルト層へ移行するが、この移行面の周辺に陶磁器などの蒙古襲来関係遺物を含むことの多い貝殻層がある。そして、貝殻層の下の硬いシルト層に元軍船や木製椗が埋もれていることがこれまでの調査で明らかとなっている。

突き棒調査と参加作業ダイバーの技

滝野さんによる音波探査反応の類型化とこれまでの調査で得られた基本情報を踏まえたうえで、二〇〇九（平成二一）年八月に突き棒調査を実施した。突き棒調査では調査対象とした音波探査反応の座標上の位置を海底面で確認し、ここを基準点として調査区を設定する。この場合、基準点に鋼管を打ち、ここを中心とした一〇メートル四方の範囲を調査区とする。調査区の設定は基準点とした鋼管から南北方向に目安となるメジャーを張り、これと直行する東西方向のメジャーを一メートルおきに張り替えて突き棒の目印とし、一メートルごとに突き棒を刺して行くのである。

なお、この突き棒調査の実施にはこれまで鷹島床浪港や神崎港で行われてきた水中発掘調査に参加した経験を持つ水中作業専門会社である国富株式会社長崎営業所を訪ね、作業に参加する作業ダイバーの確保や発掘調査機器類の手配を依頼した。同社には私たちの調査以前から鷹島海底遺跡調査に参加した作業ダイバーが多く所属しており、その経験を私たちの研究チームの調査でも生かして欲しかったことによる。また、これをきっかけとして以後の調査の際にも同社の参画をお願いすることになったが、調査経験の蓄積は作業ダイバーの調査手順の周知化と作業技術の向上だけではなく、作業効率や危険防止能力の向上にもつながったことは言うまでもない。

ところで、この突き棒調査の過程で、参加した作業ダイバーは一メートルのピンポール二本を用意し、これに一メートルおきに目印をつけた五メートルのロープ二本を縛り付け、海底面に広げた際には一メートル×五メートルの突き棒調査区ができあがる簡易な道具をつくり上げた。これを南北方向に張った主軸メジャーの東側あるいは西側にセットし、二人の作業ダイバーが交錯するや

図19　突き棒調査の道具

り方で突き棒調査を行うのである。海底では作業が進むにしたがって周辺に泥土が巻き上がり、視界が悪くなる。しかし、主軸メジャー側の作業ダイバーが先に道具を固定し、反対側の作業ダイバーが道具をしっかり張った状態にセットすれば、方向のずれはほとんど生じない。また、二人の作業ダイバーはそれぞれ水中での会話ができる通信機器を携行しているので、相互にやり取りをしながら設置の際の微調整を行うことができる。作業ダイバーの長年にわたる水中作業の経験が突き棒調査の道具（図19）を産んだのである。

　初めての突き棒調査に参加した作業ダイバーは八人で、二人一組となり、交代で海底での突き棒作業を行う。ただし、前にも紹介したように作業時間には水深による制限があり、水深二〇メートルでは一潜水で概ね四五分、三〇メートルでは三〇分程度となる。一日の潜水回数は基本的に一人の作業ダイバーで二回、どうしても必要な場合は潜水安全基準に則ったうえで三回が限度である。作業ダイバーは調査船上に備えたコンプレッサーからホースを通して送られてくる空気を吸いながら水中での作業にあたる。作業ダイバーは通信機器を用いて突き棒結果を逐次報告しながら作業を進め、潜水時間に限界が近づいた連絡を受けて浮上し、交代する。

　二人の作業ダイバーが水中での突き棒作業を行っている間の調査船上では残った六人の作業ダイバーが潜水時間の管理や水中の作業ダイバーとの連絡通信、作業ダイバーに空気を送るコンプレッサーの保守管理、海上を航行する他の船舶の監視、次の潜水に向けた準備などをそれぞれに交代しながら分担する。明確な指示を受けるまでもなく、作業ダイバーの一人ひとりがそれぞれの役割を自主的に担って調査を進めていくのである。これは長年の作業経験の賜物であり、一日にしてできるものではない。潜水作業は生命の危険を伴う状況が生じる可能性もあるなかで、作業ダイバーのみなさんの身についたチームワークを尊重する姿勢が調査の円滑な実施と緊急時への的確な対応を生み出す体制を支えているのである（図20）。

図20　調査船上の様子（水中作業ダイバーへの送気ホースの管理）

調査を実施する前には突き棒によって反応物の物性を判断することはかなり難しいのではないかと考えていた。しかし、二〇〇八（平成二〇）年度に行った予備的調査で石材と貝殻層の分別や粘質シルト層と硬い砂層などの判別は比較的わかりやすいことを体験的に確認した。また、その後の発掘調査で明らかになったことであるが、木材もかなり独特の手応えを持つことが体得された。このような突き棒調査の経験を積む過程で、音波探査によって捕捉された海底地層断層情報と突き棒調査によって確認した堆積層中の反応物の物性について、ある程度の見極

突き棒調査の成果

め（判別）も可能となった。この見極めに基づき、木材やバラストと考えられる石材の反応を確認し、これが集中して存在する反応地点について試掘調査を実施することにするのである。

ただし、突き棒調査では滝野さんの類型化に基づいて調査の対象としたすべての反応で予測通りの結果が得られるわけではない。同じ類型とした反応でもまったく異なる突き棒の手応えが得られることもあれば、手応えがまったく得られないことも生じる。これは音波探査による反応の違いが我々の期待する蒙古襲来関係遺物の違いだけではなく、堆積土に含まれる鉱物の違いやその粒子の細かさなど、堆積層の地質的な相違に基づく場合もあることが原因であると考えられる。むしろ音波探査で得られた情報の多くは蒙古襲来関係遺物に関係するよりも自然の堆積条件のなかで形成された地質的な変化を捉えた情報の方が多いのである。その点では音波探査情報とその類型化に絶対的な信頼を寄せるのではなく、突き棒調査の対象を選択する目安程度に考えることが必要となる。

試掘調査の実施

二〇〇九（平成二一）年八月に実施した突き棒調査の結果、木材らしい手応えが得られた地点について同年九月に試掘調査を実施した。この時、参加した作業ダイバーは突き棒調査の時と同じく八名で、水中発掘機器としては水中ドレッジを準備した（図21）。水中ドレッジは海底に直径一五チセンほどのホースを設定し、

図21　水中ドレッジ準備状況

ホース内に海上の調査船に準備したコンプレッサーから海水を送り込んで水流をつくり出し、ホースの片側へ流れる水流の勢いを利用して海底の泥土を横移動させながら掘り下げる仕組みを持っている。作業ダイバーは二人が一組となり、交代で海底での水中ドレッジを使って掘り下げにあたる。作業ダイバーには調査船上からホースを通じて空気が送られることや通信ケーブルを用いた会話が可能なことは突き棒調査の際と同じである。

ただし、この時の海底調査区は調査船から水中へ目印ブイをつけたアンカーを投入し、アンカーの着底位置を音波探査で確認した座標位置に到達したとみなして、ここを中心に東西、南北それぞれ五《メートル》の調査区を設定する旧来の手法をとっていた。これは滝野さんの発意に基づいて、この調査の際に海底へ音波発信機を持ち込み、調査船側に艤装した受信機でこれを受信して海底面の座標位置を計測する機器（トランスポーター）の導入を試みていたことによる。しかし、調査中にトランスポーターの導入を諦め、調査船からのアンカー投下による位置取り手法に変更していたのである。このためか、音波探査ではかなり広い範囲に広がると予測された木材を含む遺物の広がりが調査区の一部で確認できただけに終わった。

音波探査への疑念

調査の後、音波探査情報と実際の調査で確認された遺物の検出状況の不一致について、音波探査情報を類型化した滝野さんと試掘調査にあたった荒木さん、私の間で意見交換を行った。この時の意見交換はかなりヒートアップした雰囲気のなかで行われた。荒木さんと私は滝野さんに対して、音波探査情報とその類型化の妥当性やこの時に使用実験を重ねていたトランスポーターを含む音波探査機器の精度について厳しい意見を述べた。これに対して、滝野さんは海底での座標位置の決定方法をはじめとする考古学的調査手法の非科学的経験主義への批判を述べるとともに、音波探査機器やこれを用いた調査手法の有為性を改めて主張した。

その結果、木材が見つかった事実を重視することは意見の一致をみるとともに、トランスポータの利用や調査船上からアンカーを投下した調査地点の決定手法に問題があった可能性を確認した。そして、この意見交換の後に新たな海底での座標位置の確認方法として、農業用プラスチックコンテナに一メートル四方ほどの鉄板を括り付けて、調査船に艤装した海底地形探査装置で鉄板の座標位置を計り出す方法を試みることになったのである。

なお、この意見交換で明らかになったことはお互いの調査研究手法を尊重しようとする姿勢は逆の考え方からみれば、自らの調査研究方法については他人の口出しを許さない姿勢でもあるという点である。しかし、異なる研究分野の枠を超えた新たな共同研究を進める場合には、お互いの調査研究方法に立ち入ることを避けるのではなく、自らの短所への批判は聞き、相手の長所については積極的に認めて、融合を図ることが必要である。激しい意見交換はこのことについて身をもって知る機会を提供してくれたのである。

二度目の試掘調査

二〇一〇（平成二二）年七月、私たちは再び昨年九月の試掘現場に戻った。今回参加した作業ダイバーは前回と同じ八人であり、荒木さん、滝野さんと私が参加したことは言うまでもない。また、別に借り上げた調査船に海底での座標位置を測定するための音波探査機器を艤装して乗り込んだ東海大学の根元さんたちの姿もあった。調査ではまず調査船の位置情報測位システム（GPS）によって目標とする海底反応物の座標位置の海上に調査船を誘導し、目印のブイをつけたアンカーを投下した。その後、アンカーの海底到達地点に潜水して農業用プラスチックコンテナに鉄板を括り付けた対象物を置き、根元さんたちが乗り込んだ調査船に艤装した海底地形探査装置で測位し、その座標位置を計り出すことを試みた。この結果、昨年度の調査で基準点を設けた位置は本来の座標位置から東へ二メートル、北へ六メートルずれていたことが明らかとなった。そこで、本来の座標位置を中心とした五メートル四方の調査区を新たに設定し、調査区の四方に鋼管を打ち込む作業を作業ダイバーにお願いした。すると、作業ダイバーからは四本の鋼管のなかで南東隅に打つ予定だった鋼管が何かに当たってなかなか打ち込めないという報告が返ってきた。位置を少しずらして鋼管を打ってもらい、打った四本の鋼管をトラロープで結んだなかを試掘調査区として掘り下げ始めた。

前回と同じく水中ドレッジを用いた掘り下げが進むなか、位置をずらした南東隅の鋼管の近くを五〇センチほど掘り下げた辺りから厚さ約六センチ、幅約八センチ、長さ約二七センチの塼《せん》（図38参照）が複数検出され始め、その近くからは木材が並んで現れ始めた。そこで調査区の南東隅鋼管の周辺から北側に向かって水平に掘り下げる作業を進めたところ、調査区の南端部分に塼や木材が集中することが次第に明らかとなった。このため、改めて調査区の南側を対象として突き棒による確認を行った結果、調査区南東隅に位置をずらして打った鋼管から南側へ二メートル、東側へ三メートルの範囲には海底面からの深さ五〇センチ～一メートルの辺りで木材らしき手応えが得られる埋蔵物の広がりが確認された。これを受け、掘り下げる部分を調査区の南辺から南側に一メートル拡張した範囲に変更し、面的な確認に移った。

しかし、掘り下げを進めるにしたがって、調査区の周辺は掘り下げた海底堆積土が濁りとなって舞い上がり、視界が限りなく低下し始めた。潮流次第では濁りがうまく流れていくが、潮止まりの時間帯には流れが止まってしまい、調査区周辺に濁りが滞留して掘り下げに従事する作業ダイバーはほとんど手探りで遺物を確認しながら掘り下げを進めざるを得なくなった。遺物を移動することは禁じていることに加えて、周辺の視界の劣化は作業ダイバーの海底発掘作業能率を極端に低下させる。予定していた一週間の調査期間は瞬く間に過ぎてしまった。今、発掘している木材や磚は元軍船に関係することが濃厚であるにもかかわらず、掘り下げた調査区の周辺は泥土による濁りが激しく、内容の把握ができない。そんな状況のなかで調査期間の終了が迫ってきたのである。できればこのまま発掘を続けたい。そのためには調査に参加している作業ダイバーのみなさんの承諾と予算の追加確保、遺跡を管理する松浦市との調整などが必要となる。また、今の検出状況からすれば、どの程度の期間延長をすれば元軍船である確認が可能か、まだ予測ができない。

ギリギリの状況に追い込まれたが、結果的に調査の延長は無理と判断し、掘り下げた部分の保全を図って試掘調査を終了することになった。検出した木材や磚については良好な状態で観察することがなかなかできなかったため、濁りが比較的薄まったタイミングで簡単な略図の作図と記録動画および静止写真の撮影を行った。そのうえで、荒木さんの計らいで松浦市教育委員会が譲り受けて保有していた北海道開陽丸の現地保存に用いた銅網を提供してもらい、検出した木材や磚を覆い、その上に砂嚢《さのう》袋を置いた仮保存措置を施して調査を終了した。

元軍船に到達した感触は得たものの、その確信が持てない、そんな中途半端な気持ちに揺れるなかでの調査終了であった。

鷹島一号沈没船と大型木製椗の調査

元軍船の確認へ

テレビ報道番組の放映

二〇一〇（平成二二）年七月の試掘調査の際、私たちの研究チームによる蒙古襲来の解明を目指した水中考古学的試掘調査の情報を聞きつけて、調査現場の取材に訪れたテレビ局があった。福岡にあるRKB毎日放送の今林隆史記者と取材クルーである。今林さんたちは私たちの調査内容に興味を持ったらしく、調査終了間際にも調査の進行状況を確認する連絡をくれた。そこで元軍船と思われる木材の並びと積荷の磚《せん》（レンガ）を発見したことを告げたところ、夕方のニュースで取り上げたいとの要請と調査現場上空からの調査中の調査船取材の申し出があった。調査を実施した私たちの研究チームでは検出した木材の並びは元軍船の一部であると考えていたものの、調査中に撮影した動画映像や写真は海水の濁りのため鮮明ではなかったうえに、木材の並びが元軍船のどの部分であるかを判別できていない状態だった。そんな情報でも構わないかと確認したところ、むしろそのような今の状況からニュースとして取り上げておきたいとの返答をもらった。そして、翌日には実際に同社の取材ヘリコプターが現場上空に飛来して調査の様子を撮影していくとともに、夕方のニュースでは調査のことがしっかりと取り上げられた。これを契機として今林さんは私たちの研究チームの調査を継続的に取材し、調査のたびにその様子をニュースとして放送するとともに、蒙古襲来《もうこ》（元寇《げんこう》）や我々の調査を取り上げた番組を制作することになる。なお、この時のニュース映像は福岡地域で放映されたため、全国的な話題となるには至らなかった。

調査・研究成果をまとめる

七月の調査の後、科学研究費補助金による調査研究に参加した根元さん、佐伯さん、後藤さんと私は面談を重ねながら、五年間の研究期間が終了する科学研究費補助金の報告書の作成に取り掛かった。ここに至るまでの間に根元さんと私は滝野さんの協力を得ながら、伊万里《いまり》湾での音波探査成果に関する報告書と北海道江差《えさし》港における開陽丸《かいようまる》の音波探査成果に関する報告書の二冊（池田編『科研費調査研究報告書』第一冊・第二冊、二〇〇九・二〇〇九）を刊行していた。また、佐伯さんは日本、韓国、中国に残されている蒙古襲来関係史料を集成した『元寇関係史料集（稿）』Ⅰ・Ⅱ（佐伯編『科研費調査研究報告書』文献史料集、二〇一〇・二〇一〇）を刊行しており、このほかに九州史学会との共催で開催したシンポジウム「戦跡からみたモンゴル襲来—東アジアから鷹島《たかしま》へ—」の資料集もまとめていた。これらに加えて、科学研究費の採択期間が終了する二〇一一（平成二三）年三月末までに、佐伯さんは『元寇関係資料集（稿）』Ⅲ（佐伯編『科研費調査研究報告書』文献史料集、二〇一一）を編集し、私は最終報告書（池田編『科研費調査研究報告書』第三冊、二〇一一）を取りまとめることにしたのである。

日本学術振興会による科学研究費補助金を受けた研究では、当然のことながら採択期間中にさまざまな報告書を作成することが求められる。事務的報告書類としては年度ごとに提出する会計報告書があり、各年度末に補助金の使用状況を明示した報告書を提出しなければならない。これは科学研究費補助金が国民の税金から支出されていることから、受給者はこれを自覚し、申請した研究内容に基づいた厳正な使用を行うことが義務付けられていることによる。日本学術振興会ではこれを審査し、問題がある場合には補助金の返還や採択取り消しなどの対応がとられることになる。学術研究上の報告ではやはり年度末ごとに日本学術振興会へ提出する研究成果報告書がある。このほかに研究費採択期間中に行われるいろいろな研究会やシンポジウムなどの機会を利用して、逐次研究成果を発表することが奨励されている。あるいは年度ごとや研究の段階ごとの中間的研究成果報告書を作成すること、そして研究期間終了の際には最終的な研究成果報告書を取りまとめることが必要である。私たちの研究チームでもこれにしたがって前述した報告書や資料集を刊行し、調査期間の最後にはやはり最終的な研究成果報告書をまとめることにしたのである。

なお、この最終報告書作成には研究分担者の一人であった九州女子短期大学の中島達也さんに加わってもらう予定であった。しかし、中島さんは二〇〇八（平成二〇）年一月に癌《がん》で亡くなったため、中島さん自身による研究成果を採録することは叶わなかった。そこで、報告書には中島さんが残してくれた鷹島海底遺跡出土遺物の実測図を採録することにした。本来ならば中島さんは福岡に残る石築地《いしついじ》（元寇防塁《ぼうるい》）に関する研究成果を最終報告書に盛り込む予定であった。また、二〇〇九（平成二一）年一二月には琉球大学の在学生で水中考古学を目指し、鷹島での水中調査にも参加していた森下大君が不慮の事故で亡くなった。琉球大学の学生の中からやっと水中考古学を続けたいという希望を持った学生が出てきたことを喜んでいた矢先のことであった。このこともあり、最終報告書は二人を追悼する意味を含むものにもなった。

調査継続への模索

五年間の調査研究を取りまとめる報告書を作成するなかで、七月の調査で確認した元軍船と思われる木材の並びと磚について、科学研究費補助金による研究期間終了後の対応をどうするかが大きな問題として残された。私たちの研究チームとしては元軍船の一部であると確信していたが、発掘面積が狭く、検出した船体の部位についても明確に特定できなかった。このため、最終報告書の記載は元軍船である可能性が高いものの詳細不詳という内容にならざるを得ない状況であった。これを解決するためには追加調査を実施し、検出した木材の並びが船体のどの部分を構成する部材であり、これを含めた船体用材の残存状況、さらには全体構造や大きさ、そして最も大事なことは元軍船で間違いないかどうかを確認する必要があったのである。

しかしながら、追加調査の実施にはこれまでの科学研究費補助金と同様の予算の捻出が必要である。私たち研究チームのメンバーが所属する大学の状況を踏まえた場合、近年の大学予算削減傾向をみる限り、大学の経費のなかからこれに対応することはほぼ不可能と考えられた。そこで、次には遺跡の管理にあたる松浦《まつうら》市教育委員会に追加調査の予算捻出について依頼することを模索したが、検出した木材の並びと碇の現況情報だけでは行政的な予算を確保することはかなり難しいという反応しか得られなかった。

この結果、検出した木材の並びが元軍船であることを確認し、その規模や構造を把握するためには新たな研究プロジェクトを企画し、もう一度科学研究費補助金の獲得を目指すしかないという切羽詰まった認識で一致した。そこで、検出した木材の並びを元軍船と確認すること、また木材の並びにたどり着くまでの調査手法を追検証したうえで新たな元軍船を検出すること、さらには検出したいずれかの元軍船引き揚げを行い、保存処理を行った後に公開することを目的に掲げた新たな研究を立案した。新たな研究の題目は「水中考古学手法による元寇沈船の調査と研究」とし、再び研究期間五年間の計画で二〇一一（平成二三）年度科学研究費補助金基盤研究（S）に申請したのである。二〇一〇（平成二二）年一〇月末のことであった。研究チームのメンバーは前回から引き続き、根元さん、佐伯さん、後藤さんと私である。

遺跡・遺物の文化財指定への準備

二〇一一（平成二三）年三月に五年間で採択されていた科学研究費補助金による研究の最終報告書が完成した。最終報告書では年度ごとの調査研究内容を概略するとともに、五年間の採択期間のなかで音波探査装置を用いた鷹島海底遺跡での調査研究がさまざまな模索と改善を加えながら進行した過程と、そこで抽出した問題点についてまとめた。また、私たちの研究開始以前の調査で引き揚げられていた多くの遺物を対象として実施した考古学的資料化作業の内容とその分析結果を採録するとともに、本研究で実施した水中考古学的調査や関連する中国の蒙古襲来関連遺跡踏査の内容、日本史史料からみた鷹島での蒙古襲来時の戦闘状況などについての個別報告を取りまとめた。そして、今後の鷹島海底遺跡に対する取り組みをどのように進めるべきかについて、「松浦市鷹島海底遺跡国史跡指定後の活用に関する提言」

にまとめ、付編として採録した。

なお、この報告書作成段階の松浦市では旧鷹島町から引き継いだ懸案事項であった鷹島海底遺跡の国史跡指定と出土遺物の国重要文化財指定の問題がそのまま残されていた。鷹島海底遺跡国史跡指定のためには史跡の範囲を明確にする必要があったが、松浦市ではまだ蒙古襲来関係遺物の分布範囲を明確には絞り込んでいなかった。この点において、最終報告書に盛り込んだ海底音波探査による海底詳細地形図と地質情報図は史跡指定範囲の絞り込みを行う際の有益な情報となった。また、本研究で行った出土遺物の考古学的資料化作業とその分析によって鷹島海底遺跡出土遺物の構成やその特徴が明らかとなり、出土遺物の国重要文化財指定に向けた基本的な情報の整理も進んだ。そこで、松浦市では私たちの研究チームによる調査研究成果報告を受けて、別途、松浦市教育委員会としての鷹島海底遺跡に関する行政的調査報告書を作成し、鷹島海底遺跡の国史跡指定と出土遺物の国重要文化財指定に向けた準備を加速化させることとなった。

調査の再開へ

二〇一一（平成二三）年三月末に科学研究費報告書を刊行し、一息ついていたところへ昨年の一〇月末に申請していた新たな科学研究費補助金基盤研究（S）の研究課題について、ヒアリング審査が行われるという連絡が大学に入った。前回の申請の際にはヒアリング審査がなかったため驚く一方で、とりあえずヒアリング審査までたどり着いたことへの安堵を覚えた。ヒアリング審査は四月七日に日本学術振興会で行われ、スライドショーを用いて計画している研究の内容について説明を行った。大学の授業やさまざまな研究発表などの経験もあり、人前で話すことには慣れているつもりだったが、ヒアリング審査には思わぬ重圧を感じてしまい、緊張感が解けないまま、あっという間に終わってしまった。このため、考えていたことが上手く伝わったか、半信半疑の状態で審査結果を待たねばならなかった。そして、不安が最大に膨らんだ六月一日に待望の採択連絡が大学へ届けられた。

　採択の通知を受け、根元さん、佐伯さん、後藤さんら研究チームメンバーに採択を知らせるとともに、松浦市教育委員会に引き続き五年間の調査研究が可能となったことを連絡した。そして、前年度の調査で検出した木材の並びが元軍船であることを確認する発掘調査の準備を始めた。この際、前年度の調査では五メートル四方の調査区を掘り下げるのに七日間を要したことから調査期間は二〇日間前後を予定し、木材や磚の広がりを追いかけながら調査区を拡張して全体の残存状況を確認することとした。また、掘り下げと並行して前年度調査区の周辺で改めて音波探査を実施して海底堆積層中の探査情報を収集し、発掘調査で検出した木材や磚の広がりとの対比を行うことも計画した。これらのさまざまな調整をへて、調査は一〇月に実施することにした。

水中発掘調査の届け出手続き

陸上の考古学的調査と同様に海底の遺跡を発掘調査する場合にも、文化財保護法に定められた発掘調査のための法的手続きをとらなければならない。一般に遺跡の発掘調査には開発を前提とする緊急発掘調査と、学術的な研究を目的とする学術発掘調査がある。前者は発掘調査着手二ヵ月前まで、後者は特別政令都市を除いて一ヵ月前までに遺跡を管轄する市町村教育委員会を通じて都道府県教育委員会へ届け出ることが義務付けられている。したがって、私たちの海底遺跡発掘調査の場合は後者の学術調査の届け出を行わなければならない。「発掘届」には発掘場所の地番や土地所有者名、発掘着手予定日と発掘期間、発掘担当者の略歴、発掘費用の出所などの記載が必要であり、これに発掘調査計画書や発掘場所を示す地図、土地所有者の承諾書を添付する。

「発掘届」のなかで、海底での調査と陸上の調査が大きく異なるのは土地所有者の問題である。日本では海岸線沖合の海底は基本的に国の管理下に置かれており、厳密には「発掘届」を提出する場合に承諾をもらわなければならない土地所有者は日本国となる。しかし、現実的には地元の漁業協同組合が設定した海上および海底での漁業権が重視され、これに加えて定期航路、海底ケーブルなどとの関係が問題となる。これに基づき、鷹島海底遺跡の場合には漁業権との調整が求められ、「発掘届」に添付する土地所有者の発掘調査承諾書については基本的に地元漁業協同組合の承諾書を添付することがこれまでの調査時の慣例となっていた。

また、文化財保護法に基づく「発掘届」とは別に、調査海域を管轄する海上保安署に対して海上や海中での作業を行う際の届け出書類である「作業届」を提出しなければならない。「作業届」には作業の目的と期間、作業の内容、作業中の安全管理基準、緊急時の対応などを明記するとともに、作業計画書と作業地点の位置図、作業に用いる船舶および船長に関する書類、従事する作業ダイバーの名簿などを添付することが求められる。「作業届」も基本的に作業着手一ヵ月前の提出が必要である。なお、鷹島海底遺跡を管轄するのは伊万里海上保安署であり、調査中には同保安署からの視察や指導を受けることもある。

水中発掘調査に伴うさまざまな手配

これらの手続きと並行しながら、調査に参加してもらう作業ダイバーや調査の際に借り上げる船舶の手配、大学内の予算執行に伴う手続きを進めなければならない。水中での発掘調査には専門の潜水士（作業ダイバー）に参加してもらうことは前述していたが、これについてはこれまでの鷹島海底遺跡での豊富な調査経験を持つ国富株式会社長崎営業所に手配をお願いした。同社では潜水士の手配とともに、発掘調査に必要な機材の準備や水中作業中の安全管理についても委託している。また、調査船については地元の新松浦漁業協同組合に依頼して、組合員の所有する船舶の借用をお願いすることも前述した。水中発掘調査を行うには作業ダイバーの潜水機材に加えて、掘り下げを行う機器を動かすのに必要な発電機やコンプレッサー、潜水した作業ダイバーとの通信機器、船体を海上に固定するための複数のアンカー（錨《いかり》）とこれをつなぐロープ、目印となるブイやこれにつける錘など、参加者とともに多くの機材を調査船にのせる必要がある。これに対応するためには一定の大きさを持ち、一〇人以上の人員が乗ることができる遊漁船免許を持った船舶の手配をお願いしなければならない。これらについてはやはり組合員と所有船舶についての情報を把握している地元の新松浦漁業協同組合の協力が欠かせないのである。

また、大学内の予算執行に伴う手続きについては、私の所属する琉球大学ではそれまで大学予算を用いて本格的な水中発掘調査を実施した経験がなかった。このため、前述した作業ダイバーの雇用や水中発掘調査機材の借用、調査船の借り上げなどについて、手配をする際の取り扱い基準が当然ながら大学には存在しなかった。通常の大学予算では一〇万円以上の支出を行う際にはさまざまな制約があり、執行を前に複数の見積もりをとることや、そもそもそのような予算執行が必要であることを示す理由書を提出しなければならない。そこで、これに準じて水中発掘調査に関するさまざまな種類の書類や資料を取り揃えることが必要となった。なお、調査の際には鷹島海底遺跡が所在する長崎県松浦市の海上での作業を監督・管理し、作業が計画通りに進んだことを大学において確認しなければ、調査に要したさまざまな費用の支払いができない。しかし、遠隔地で行う考古学的調査の監督・管理手法についても琉球大学では初めての事業であり、ルールづくりが必要であった。この結果、厳格な管理基準のもとでの予算執行を前提とする大学の事務方とさまざまな打ち合わせを行い、求められる必要書類を作成して、作業の実施について瑕疵《かし》がないと双方が判断するまでの調整にかなりの時間を要することとなった。

鷹島一号沈没船の水中発掘調査

調査の開始

二〇一一（平成二三）年九月三〇日、いよいよ新たな科学研究費補助金による水中発掘調査が始まった。調査に参加するのは音波探査を担当する滝野さんと作業ダイバー八名、私の一〇名である。なお、今回の調査は作業期間を三期に分けており、第一期（九月三〇日～一〇月六日）七日間、第二期（一〇月九～一三日）五日間、第三期（一〇月一五～二三日）九日間の二一日間を割り振った。前年度の発掘経験を踏まえ、第一期に前年度の調査区を拡張して元軍船と思われる木材や磚の広がる範囲を確定し、第二期に元軍船であることを確認する、そして第三期に発掘調査記録の作成と埋め戻しを行う、という計画である。

調査初日は生憎の雨であったにもかかわらず、鷹島の殿《との》ノ浦《うら》港に集まった調査参加者に

図22　調査船として利用させてもらう永幸丸と永島船長(桟橋上の人物)

はこれから始まる水中発掘調査に対するワクワクするような期待感が溢れていた。この状態を前回の調査の際にも取材に訪れていたRKB毎日放送の今林さんたちがカメラに収めていた。新松浦漁業協同組合にお願いして手配してもらった調査船は永幸丸、定員一四人で船長は永島和明さんである。永島さんは前年度の試掘調査の際にも傭船をお願いしており、私たちの調査内容を充分に理解してもらっていることから白羽の矢が立ったのである。なお、これ以後の私たちの鷹島海底遺跡での調査は常に永島さんが調査船を提供してくれることになり、持ち船の永幸丸(図22)は私たちにとって欠かせない調査船となる。

調査区設定の手順

調査機材の積み込み後、今回の調査に関する最初の朝の打ち合わせを行い、殿ノ浦港を出港して一〇分ほどで昨年度の試掘調査海域（図23）に到達した。永幸丸が備えているGPSを利用して前年度の調査地点に永幸丸を誘導し、目印のブイをロープでつないだ一〇𝐤𝐠《キログラム》の錘を船上から海中に投じる。その後、作業ダイバーがブイにつないだロープをたどって潜水し、海底に着底した錘の周辺を探索して前年度の調査地点を探し出す。以前は調査船上から見える周辺の景色のなかに目安となる地点を定めて位置決めを行う「山だて」によって海底調査区の位置を推測していたというが、最近ではほとんどGPSが利用されている。GPS測位に基づいて投下した錘の着底位置は目的とする調査地点から大きく外れることはなく、短時間の間にブイにつながったロープを前年度の調査区に打った鋼管《こうかん》に結びつけることができた。

ロープが調査区の鋼管に固定されたことを確認した後、目印のブイの位置と風向き、潮流の動きなどを見ながら、船首側に二本、船尾に一本のアンカーを投下する。そして、アンカーから伸びるロープの長さを調整しながら調査区を示す目印のブイが船側に位置するように永幸丸を移動させ、頃合いを見計らってアンカーからのロープを船体に固定する。調査船の位置が定まったら、再び作業ダイバーが潜水し、前年度に設けた調査区画の鋼管

図23　海上から鷹島海底遺跡（黒津浦）を望む

を基準として、東西方向にそれぞれ五メートル、南方向に五メートルの位置を計り出し、ここに新たな鋼管を打った。木材と磚の並びが広がる方向を予測して、予め調査区の拡張作業を行ったのである。その後、鋼管の間をトラロープで結んで五メートル四方の調査区を六区画設けた。この結果、鋼管とトラロープで囲んだ調査区の全体の広さは東西方向一五メートル、南北方向一〇メートルとなった。

　調査区を五メートル四方に区分することはこれまでの鷹島海底遺跡での発掘調査経験から導き出された手法である。掘り下げ作業中には海底の泥土を巻き上げるため視界が悪くなる。この際、もしも方向を見失った場合にはどちらかに移動すると四周を囲むトラロープに行き当たり、トラロープを手繰って移動すれば、潜水の際の目印としたブイを結びつけた鋼管にたどり着くこと、あるいは掘り下げ作業を進めていた元の位置に戻ることができる。これに対して、調査区が五メートル四方より広いと掘り下げ面積が広くなりすぎて作業進度が緩慢となりやすく、方向を見失った際の移動距離も長くなって手間取る。また、逆に狭いと掘り下げの際にトラロープが邪魔となって作業効率が低下する。結果として、鷹島海底遺跡の場合には五メートル四方の調査区が一番適した大きさとして用いられるようになったのである。

掘り下げ方法と濁り

掘り下げ作業ではまず前年度の調査終了時に木材と磚の保全のために被せていた銅網と砂嚢《さのう》袋を取り外し、その後に木材と磚の分布の広がりを追いかけながら発掘調査区を広げていくことにした。その際、前年度に掘り下げを行っていた調査区は一部のみを掘り下げた状態であったことから水中ドレッジを用いて全体的に掘り下げ、木材や磚が出土する深さに達したら隣り合う南側と東側の調査区を同様の手法で掘り下げていった。水中作業は前年度の試掘調査と同様に作業ダイバー二人が一組となり、午前・午後それぞれ一回ずつ一日二回の潜水作業を行う。なお、調査地点の周辺の水深は約二三メートルのため、潜水作業時間は三〇分とした。掘り下げを始めると調査区の周辺はたちまち掘り下げた泥土が巻き上がり、視界は目の前の数一〇センチでさえ見えない状況となる。この間に二人一組となった作業ダイバーは手探りで木材の広がりを確認しながら、海底面に堆積した泥土を取り除いて行く。作業ダイバーには調査船からコンプレッサーを通じて空気が送られ、通信機器を用いて船上との会話連絡ができることも前年度の試掘調査時と一緒である。作業ダイバーの半数は前年度の試掘調査に参加しており、その経験を生かしながらほとんど視界のない海底で手探りによって木材と磚の広がりを確認し、掘り下げ作業を進めていった。

　調査の第一期が終わり、第二期に入った段階で五《メートル》四方の調査区の四調査区分、一〇《メートル》四方の範囲の掘り下げが進んだ。掘り下げ現場では相変わらず泥土の濁りがひどかったが、作業ダイバーからは手探りでの感覚によって木材と磚の広がりが大まかに限られてきたという報告が水中から寄せられていた。また、発掘範囲が広がったことによって、泥土の濁りが掘りくぼめた調査区から流れ出やすくなってきたことも報告された。ここに至るまでの間、一日のなかでも濁りが落ち着いていると考えられる朝や昼食後の午後一番目を選んで潜水し、木材や磚の状況を自分の目で確認しようと試みたがなかなか視認することはできず、私自身も手探りで木材や磚の感触を確かめて戻る日が続いた。ここに船体が必ずあるという手探りの感触は得られながら、視認できないもどかしい時間が過ぎていった。

目の前に現れた元軍船

そして、ついに冒頭で紹介した二〇一一（平成二三）年一〇月一一日がやってきた。この日の朝、潜水した作業ダイバーから濁りが流れてかなりよい状態で調査区全体が見渡せるようになってきたという連絡が入った。満を持して潜水した私の目の前には調査区のほぼ中央で東西方向に伸びる幅五〇センチほどの大型木材とその両脇に並行して並ぶ木材がはっきりと姿を現していた。大型木材は船体の基底部をなす竜骨《りゅうこつ》、両側に並ぶ木材は船体底部を構築する外板材《がいはんざい》であることが一目瞭然であった。竜骨の両脇には外板材との隙間を埋めた漆喰《しっくい》がしっかりと残り、竜骨と外板材の並びに直交する船内の隔壁《かくへき》（仕切）の痕跡も約二メートルおきに認められた。探し求めて止まなかった元軍船にやっととたどり着いたのである。「やった！」という感動とともに、これまで張り詰めていた気持ちが緩やかに解きほぐされ、安堵感に満たされていくのがわかった。

しかし、それも束の間のことで、船上に戻った瞬間からこれから調査をどのように進めるか、また調査終了時の成果発表をどのように行うかについて、我に帰って考えることになった。現在の発掘調査では船体木材と磚の広がりが東西約一〇メートル、南北約七メートルの範囲に及び、竜骨木材は掘り下げを進めてきた一〇メートル四方の調査区からさらに西側へ伸びている状況にある。今後の作業としては残りの調査期間内に船体の残存範囲と残存状況を確認し、動画や静止画像を撮影するとともに検出状況実測図を作成し、再び銅網で覆って砂嚢袋を被せる現地保存を行わなければならない。しかし、果たして間に合うだろうか。また、これほどまとまった船体の検出は鷹島海底遺跡の調査では初めてのことであり、現地調査終了の際には的確な情報公開の必要性があるが、どのような方法で実施すればよいだろうか。さらにこれらのことを進めるためには遺跡を管理する松浦市教育委員会や長崎県教育委員会との相談と調整を行わなければならないが、これをどのように進めればよいかなど、対応しなければならない課題は大きく膨らんでいった。

調査方針の変更

元軍船船体木材と礴の広がりを視認することができた段階で、発掘のなかで次に行わなければならないことは中央に横たわる竜骨の両端がどこまで伸びているかを確認することであった。そこでそれまでは五メートル《メートル》四方の調査区を一区画ずつ全体にわたって掘り下げ、船体木材や礴の面的な広がりを確認する方法を採用していたが、第二期の残り期間を考慮して竜骨の西端部分については調査区区画全体を均等に掘り下げながら確認するのではく、竜骨に沿って周辺を掘り下げることにした。この結果、竜骨の西端はそれまでに掘り下げていた一〇メートル《メートル》四方の調査区からさらに西側へ約二メートル《メートル》まで延びていること、竜骨の両脇に接して残存していた外板材は北側のみに残存することが明らかとなった。また、竜骨西側端部は枘《ほぞ》状に加工されており、ここに別の木材を組み込んでいたことを確認した（図24）。しかし、周辺でこれに組み込まれた木材を確認する

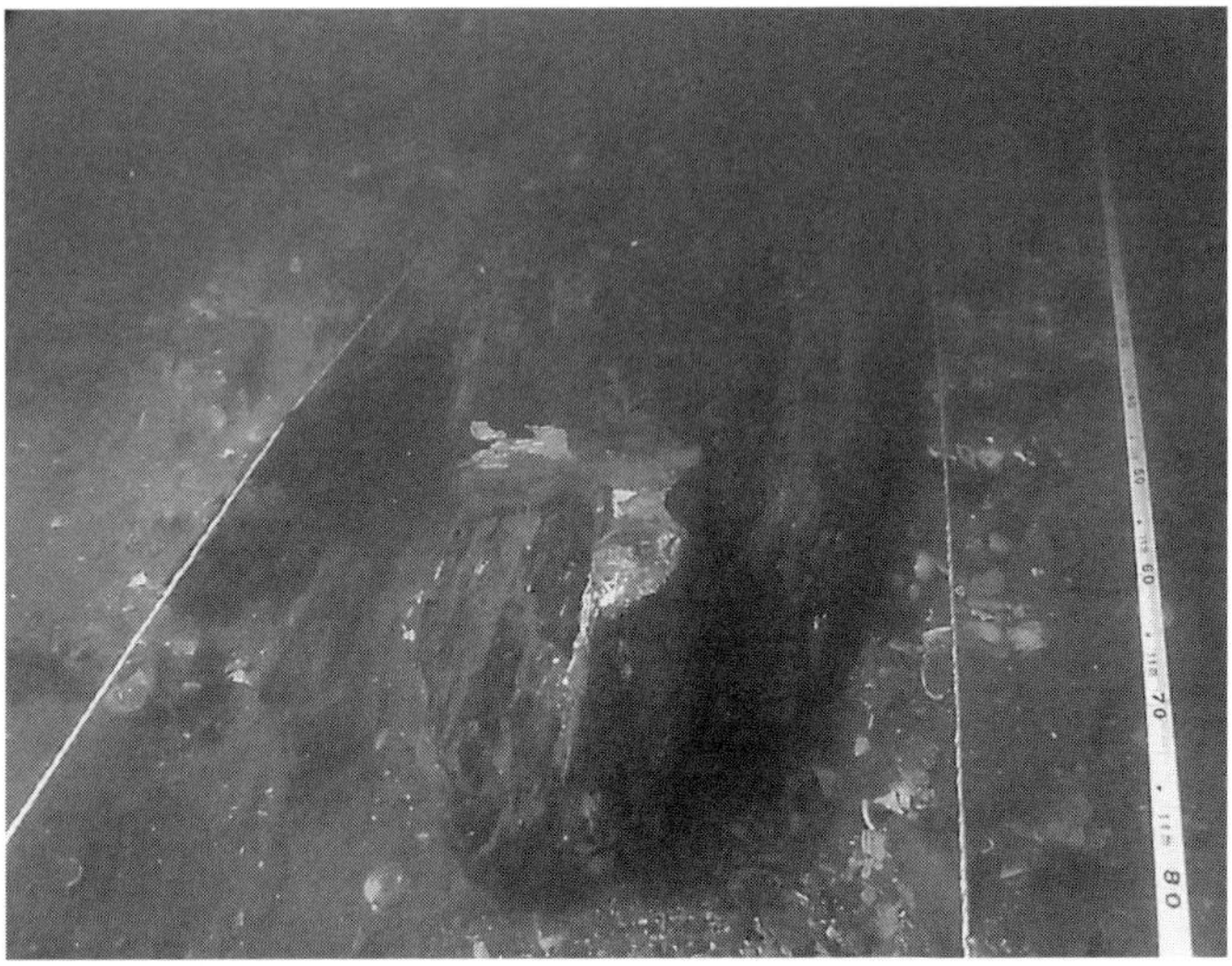

図24　鷹島１号沈没船竜骨西端部

ことはできなかった。そこで第三期には検出した竜骨と外板材、その上に散在する磚やこれに混じる陶磁器の周辺を全面的に清掃し、検出状況を記録した動画および静止画像の撮影と手書きの実測図作成を行うこととした。

映像記録の撮影　竜骨や外板材および磚や陶磁器の周辺を清掃する作業は掘り下げの際に巻き上がった泥土の濁りを取り去る作業である。この作業には水中スクーターを海底に持ち込み、錘をつけたロープで竜骨や外板材の上に据え付け、水中スクーターのスクリューによる水流を作り出し、泥土を押し流す方法や、泥土の掘り下げに用いる水中ドレッジの

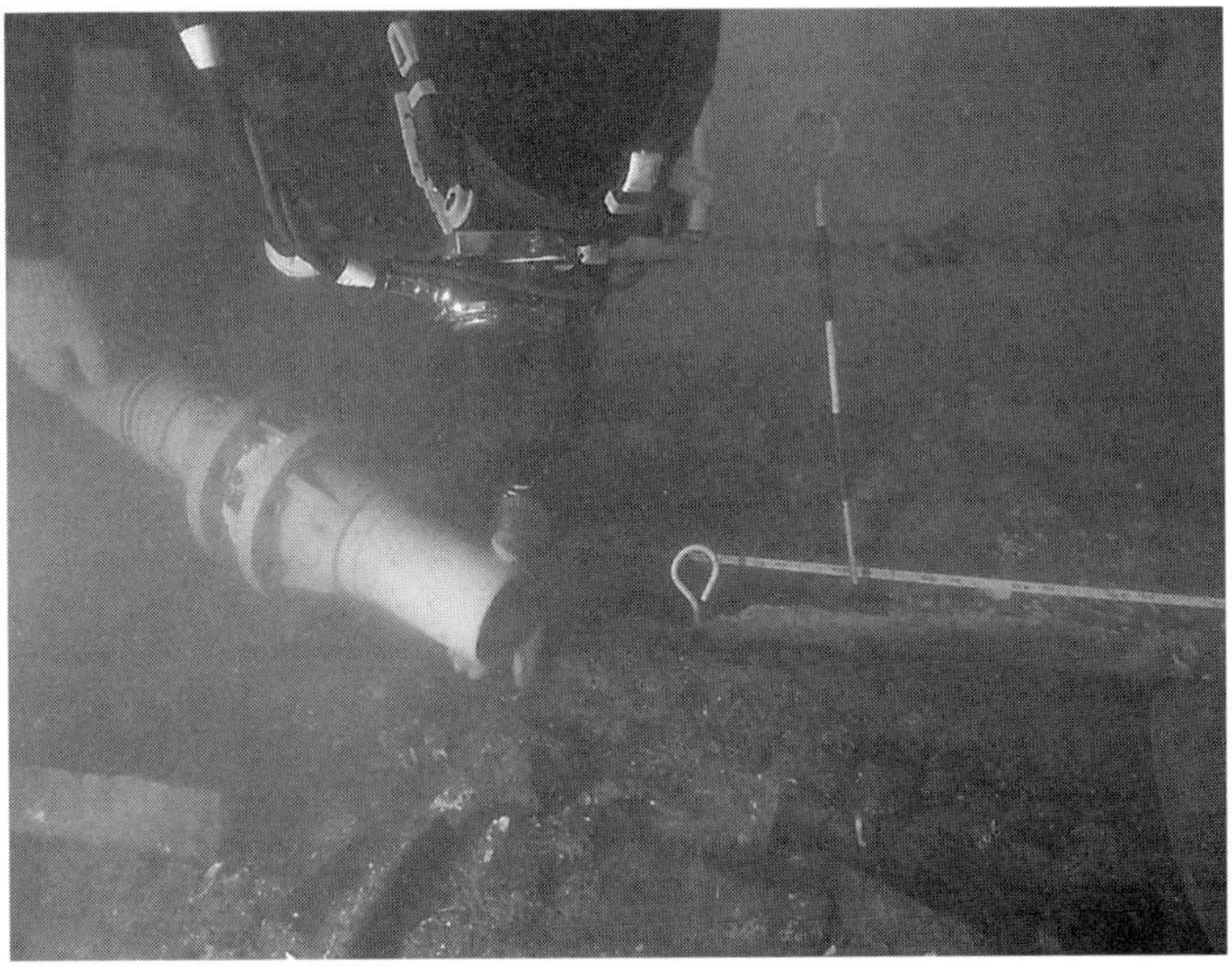

図25　鷹島１号沈没船浮泥清掃の様子（竜骨・漆喰）

吸い込む力を弱めに設定し、濁りを吸い込んで除去する方法をとる。いずれも潮の流れに沿った小まめな作業が必要であり、思いのほか時間を要する。しかし、この作業をしっかり行わないと水中カメラに備え付けたライトの光が海底面近くを浮遊する濁りにあたり、カメラの焦点がこれを捉えた画像になってしまう。面倒でも時間をかけて調査区全体の濁りを取り去る作業を行わなければならないのである（図25）。

なお、鷹島海底遺跡での映像撮影にはライトを備え付けた水中カメラを用いる。これは水深二〇メートルを超える今回の調査地点では海底まで届く太陽の光が限られ、日中でも薄暗いことによる。

もちろんよく晴れた日の海底は太陽の光で全体が明るくなり、雨天や曇天の日には逆にかなり暗くなることは否めない。このため、晴れた日にはカメラのライトに照らされた部分だけではなく周辺も広く映り込むが、雨天や曇天に日にはカメラのライトに照らされた部分のみがスポットライトを浴びた状態で映し出される。鷹島海底遺跡での映像の撮影は海底全体が明るくなる晴れた日が望ましく、この点では明るい曇天の日が最適である陸上の映像撮影とは異なることとなる。

したがって、映像の撮影は晴天の日で海底の濁りがないタイミングを選ばなければならないが、なかなかこちらの思い通りの天候が続くことは難しい。毎日、比較的濁りが落ち着いていると考えられる朝や午後の作業開始直後を選んで撮影を行うものの、調査終盤にかけては雨天や曇天の日が続き、思うようにはいかなかった。また、天候とは関係なく、潮の流れによって濁りが流れ去ることや逆に戻って来ることもあり、一日の間でも油断ができない。午前・午後それぞれ四組の作業ダイバーの潜水作業の間に最も適したタイミングを見計らって、映像の撮影を行わなければならないのである。

検出状況実測の道具

映像撮影と並行して検出した竜骨や外板材、磚や陶磁器の検出状況を図化する作業を行う。現在では撮影した画像データをコンピューターで解析して、これをもとに作図することも可能となった。しかし、考古学の調査

図26　鷹島1号沈没船の実測図を並べて確認する筆者

で行う実測図の作成は遺構や遺物の検出状況をどのように理解するかという調査者の観察を図面に表現する作業である。言い換えれば、実測図を作成する作業を通じて、検出した竜骨や外板材、磚や陶磁器の出土状況やそれぞれの形態的特徴、構造などを観察し、図面として記録するのである（図26）。この点においてコンピューターによる作図は肝心の調査者による観察が疎かになることは否めない。考古学研究者にとって実測図の作成は遺構や遺物、さらにはこれが組み合わさって存在する遺跡の内容を理解するうえでの欠かせない作業であり、私の場合にはどうしても人任せ、コンピューター任せにはできないのである。

しかし、水中遺跡の調査では水深によって潜水時間が限られることから、陸上遺跡の発掘調査のようにいざとなれば夜を徹してでも実測を行うようなことは不可能である。限られた時間のなかで、手早く、正確に図化することが求められる。これを実践するためには実測者の技量に頼るだけではなく、さまざまな実測道具の準備が必要となる。例えば、実測の際の区画づくりでは、海底には五《メートル》四方の調査区が設けられ、四周には鋼管とトラロープが回らされていることから、これを基準として調査区内に一《メートル》おきのメジャーを張り、調査区内を一《メートル》四方の二五区画に細分する。この一区画に対して、予め一〇《センチ》おきに糸を張った一《メートル》四方の実測枠を持ち込み、船体木材や陶磁器などの上に置き、水平に据える。これを真上から見下ろすことによって枠内の船体木材や陶磁器の位置を確認し、一〇分の一あるいは五分の一、二〇分の一などの縮尺で図化するのである。この実測枠は陸上の発掘調査現場でも用いられているが、陸上の場合は基本的に木製であり、これを海底に持ち込むと浮力で浮き上がってしまう。このため、水中では金属製の枠を用いることが一般的である。

そこで、今回の調査でも金属製の枠を用いることを考えたが、作業ダイバーから金属製よりも軽くて持ち運びやすい塩化ビニール管を使った枠を使うことが提案され、試作品が持ち込まれた。海底での実測枠の設置は作業ダイバーに依頼していたので、頻繁な移動が必要な金属製枠の取り扱いに不便を感じていたことが試作品の製作につながったと考えられる。そこでこれを使ってみると、塩化ビニール管の枠内に張った糸が水中で撓《たわ》んでしまい、なかなか思い通りに使えない。このことを製作した作業ダイバーに告げると、次には枠内の糸にゴムをつなぎ、撓みを吸収する造作を加えた新たな試作品が提供された。この試作品はなかなか使い勝手がよかったため、以後はこれを改良し、一メートル四方の枠を二つつないだ一メートル×二メートルの大きさにし、枠内に張る糸は五〇センチおきにして五〇センチ四方を一区画とする塩化ビニール管製の実測用枠を製作した。塩化ビニール管には数ヵ所に穴を空け、海水が塩化ビニール管内に入ることで浮き上がらないようにする工夫が施されている。また、目安のための糸を張った塩化ビニール管の中央五〇センチの位置を境として、左右に紅白のビニールテープが巻き分けられて暗い海底でも見やすいようにした。さらに、四隅にはピンポール（鉄針）を通す穴を開け、海底での固定が簡単にできるようになっている。水中での作業ダイバーの作業の効率化が図れるだけでなく、実測作業にとっても便利な道具が生み出されたのである（図27）。

なお、陸上の発掘現場では実測図の作成の際に画板の上に置いた方眼紙と鉛筆を用いる。これは水中でも同じで、画板はアクリルかプラスチック製、方眼紙はマイラー紙というビ

図27　水中に置いた実測枠

ニール素材の方眼紙、鉛筆は地上と同じ普通の鉛筆を用いる。ただし、鉛筆は水中で手放すと浮き上がってしまうため、紐を付けた鉛筆装着用キャップを画板に括り付け、これに鉛筆を装着して使用する。書いている間に芯が太くなってきたら、ナイフで削るのではなく、近くにあった移植ゴテや自然石などに鉛筆の芯を擦り付けて先端だけを尖らす。ナイフは海に持ち込むと刃が直ぐに錆びて使い物にならなくことや、鉛筆を削る時間が勿体無いことがその理由である。また、鉛筆の芯が折れた時の備えには別の鉛筆を何本か用意し、腕時計型のダイビングコンピユーター（潜水時間や水深、水温、浮上速度などを記録する機器）のバンドや水中作業の際に用いる手袋の中に挟んでおき、手早く取り替える。図面の修正に必要な消しゴムは細かく刻んでやはり手袋の中に挟んでおき、必要な場合には取り出して使う。消しゴムも一度落とすと直ぐに行方がわからなくなることから、予め複数個を用意することも必要となる。

実測図の作成

五メートル四方の調査区を一メートル四方の実測枠を用いて実測する場合、一メートル四方の実測に一ダイビング（約三〇分）を要すると一調査区の実測を終えるには二五回のダイビングが必要となる。一日に可能なダイビングは基本的に二回であり、休息時間を計算して遣り繰りをすれば最大三回までのダイビングは可能となる。それでもこのペースでは五メートル四方の一調査区の実測にほぼ一〇日あまりが必要となってしまう。ただし、実際の現場では調査区内に満遍なく船体木材や陶磁器、磚などが分布していることはないので、一ダイビングで一メートル四方の実測枠の一〇区画前後まで実測を済ますことも可能である。これに基づいて改めて積算すると、今回の発掘調査区は五メートル四方の調査区が四区画と竜骨の確認のため西側へ任意に拡張した部分があり、一メートル四方の実測枠では一調査区で二五枠分、四調査区で一〇〇枠分、拡張部分を含めるとおおよそ一一〇枠分の実測が必要となる。先の計算に基づいて一ダイビングで一〇枠分の実測を済ますとすれば、一一〇枠分の実測を済ますには一一ダイビングが必要であり、一日二回のダイビングでは約五・五日間を要することとなる。しかし、このペースで作業を進めると、その後の埋め戻しに必要な作業日程を考えた場合、当初計画していた調査期間第三期の間には調査が終了できないことが予測された。したがって、計算した作業ペースよりもできる限り手早く実測を済ますことが求められる状況となったのである。

実測を焦る気持ちが抑えられず、第二期の最終日となった一〇月一三日に実測道具を準備して潜水を試みた。しかし、海底の濁りがひどく、実測はできなかった。このため、実測作業はどうしても調査予定期間の第三期に行わざるを得なくなった。二日間の休息期間を置いた第三期の調査現場では濁りが少し落ち着いており、第三期が始まった一〇月一六日には実測作業が可能と判断されたことから、午後から実測作業を進めた。実測作業は一緒に潜水する二人一組の作業ダイバーに補助してもらい、一人は実測作業を行う海底を見下ろす位置から水中スクーターによる水流を作り出して、実測している船体木材や陶磁器の周辺の視界を確保する。もう一人は私の側にいて、実測を進めている船体木材や陶磁器に水中ライトの光を当てて見易くする作業や、実測用の枠を移動する作業を行う（図28）。いずれも実測の進行状況を理解して阿吽《あうん》の呼吸で対応しなければならないので、いつしか決まった作業ダイバーの一組が一緒に作業することが多くなった。

一六日から始めた実測作業は翌一七・一八日にかけて順調に進んだものの、二〇日は海

図28　鷹島１号沈没船竜骨周辺実測状況

底近くの濁りがひどくなり、ほとんど進まなかった。二一日には朝から雷を伴う大雨が降り、始業時間を少しずらして作業を行ったもののやはり実測はほとんどできなかった。二二日になってやっと実測ができる状態に戻り作業を進めたが、この日のうちには実測を終了することができず、最終日の二三日の午前中までかかってようやく実測を終えた。実測終了後、用意していた銅網（図29）で船体と陶磁器を覆い、これを砂嚢袋で押さえた上から、掘り下げの際に調査区の脇に移動させていた泥土を戻す保全作業を施し、調査を終了した。参加した作業ダイバーはなかなか思い通りに進まない私の実測作

図29　銅網の準備状況

業について何も口には出さず、ヤキモキしながら過ごしていた。そのプレッシャーを充分に感じながら海底での実測作業を進めている間に、調査船の上では埋め戻し作業の段取りについて作業ダイバーの間で細かい打ち合わせができていたらしく、船体の保全作業は順調に進んだ。作業ダイバーの良好なチームワークが生み出した見事な連携であった。

元軍船の発見をめぐる報道

調査の第二期に検出した船体が元軍船であることを確信して以来、これをどのような形で公開するかについて調査関係者と松浦市教育委員会の間で協議した。その結果、日取りを決めて記者会見を開き、報道機関への成果報告を行う方針を定めた。これに基づき、調査の第三期に入った一〇月一七日に長崎県教育庁学芸文化課の高野晋司さんに連絡し、調査の進行状況を報告するとともに、長崎県庁での記者会見について段取りを依頼した。高野さんはこれまでの鷹島海底遺跡の調査に深く関わっており、私たちの調査にも強い関心を持っていただいていた学芸文化課の担当者である。翌一八日に高野さんから調査終了日の翌日である一〇月二四日午前一〇時から長崎県庁記者クラブでの記者会見を手配したことと、記者発表の内容についてまとめた簡単な文章を翌日（一九日）までに学芸文化課まで届けるようにとの連絡があった。

そこで、一八日までの段階で検出した船体や陶磁器、磚などの情報に基づいて、これらが元軍船に関係することをまとめた配布資料を作成して、一九日の朝、長崎県教育庁学芸文化課へファクス送信した。学芸文化課では長崎県庁での記者会見の手続きに基づき、これを記者クラブに設けられた報道機関各社のボックスに配布した。この書類に私の携帯電話番号が記載されていたことから、次から次へと報道機関各社からの問い合わせが調査船上にいる私の携帯電話に入るようになった。配布資料には元軍船が船体構造の復元ができる状態で検出されたことや竜骨や外板材の大きさから復元した船体の大きさ、さらに周辺から出土した磚や陶磁器の内容から中国江南地域から進発した軍船の可能性が高いことな

図30　鷹島での調査前記者発表の様子（殿ノ浦港，2012年６月）

どを書き込んでいた。鷹島海底遺跡での元軍船の検出は初めてのことであり、報道機関各社の強い関心を呼んだのである。

報道各社の取材

このような経緯を知らずに海上での作業を終えて殿ノ浦港に戻った一九日の夕方、長崎県庁記者クラブの幹事から報道協定に関する電話があった。そこで、私たちは未だ調査の最中であり、詳しい内容は二四日の記者発表の際に知らせることを改めて伝え、報道についてはそれまで待って欲しい旨を伝えた。しかし、この申し出は遵守してもらえず、翌日二〇日には地元紙が一面記事で元軍船の発見を報道した。この結果、長崎県庁記者クラブにお願いした報道協定は意味を持たなくなり、調査船の係留場所である殿ノ浦港や滞在先の宿舎に直接取材に訪れる報道各社が続出した（図30）。なかには調査に同行して、現場海底での作業状況や検出した船体と磚、陶磁器の映像を自前で撮影したいと申し出る社もあった。

これに対して、調査現場では前にも述べたように海底の濁りのため、検出状況の実測図作成や映像撮影が思うように進まず、ジリジリと焦りが昂じる状態に追い込まれており、とても現地取材の依頼に応えられる状況ではなかった。また、このことを報道各社のみなさんに説明してもなかなか納得してもらえず、精神的にも肉体的にも疲労の度合いが深まることになった。なお、後でわかったことであるが、この時のストレスを抱えた状態での潜水によって、私は左耳の鼓膜を傷めていた。

長崎県庁での記者発表

二三日に現場での作業が終了し、翌日の記者発表に備えて、鷹島から長崎県庁のある長崎市内へ移動した。長崎市に到着するとともに、先ほどまで実施していた水中発掘調査で撮りためた静止画像と動画のなかから明日の記者会見で使用する映像を選び、編集する作業を行った。そして、これを報道機関各社に配布するために二〇数枚のＣＤを複製した。この作業には作業ダイバーの福寿健太郎さんと町村剛さんが協力してくれた。二人とも私たちの調査が始まった時から参加している作業ダイバーであり、ともに水中での動画や静止画像撮影の技術と経験を有している。この時、編集した画像は二人が撮影した画像のなかから選びだしたものであった。

二〇一一（平成二三）年一〇月二四日午前一〇時、予定通り長崎県庁記者クラブでの記者会見が始まった。会場には長崎県内だけではなく、全国ネットを持つ報道機関の姿も見られた。記者会見の場には松浦市の松尾紘教育長に同席いただき、今回の調査の内容と検出した元軍船について昨夜用意した画像資料を用いながら説明した。その後に設けた質問の時間には会場に駆けつけた記者からの矢継ぎ早の質問が発せられ、長い鷹島海底遺跡調査の歩みのなかで初めて船体構造が把握できる状態で検出された元軍船についての関心が極めて高いことを実感した。記者の質問は二時間以上に及び、質問が途切れかけた昼過ぎには記者クラブに置かれていた各社のテレビから「元軍船発見」のニュース映像が一斉に流れ始めた。そして、これを追いかけるように新聞各社の夕刊と翌日の朝刊の紙面に「元軍船発見」の文字が溢れた。私たちの調査による元軍船検出のニュースは瞬く間に全国へ広がったのである。

鷹島神崎遺跡の国史跡指定とさらなる調査へ

鷹島神崎遺跡の国指定

鷹島一号沈没船発見のニュースはさまざまな反響を呼び、記者会見直後の一一月にはNHKが夕方のゴールデンタイムに全国放送している「クローズアップ現代」で鷹島一号沈没船を取り扱った番組を放映した。番組のなかでは元軍船の構造復元を試みたCGが制作されており、スタジオに出向いた荒木伸介さんがこれまでの調査の歩みと検出した元軍船の内容、その意義についての解説にあたった。

なお、松浦市教育委員会では鷹島一号沈没船調査に先立つ二〇一一（平成二三）年七月二九日に文部科学大臣に対して「鷹島神崎《こうざき》遺跡国史跡指定意見具申書」を提出するとともに、調査が始まる前の九月一六日に松浦市教育委員会としてのこれまでの鷹島海底遺跡の調査内容をまとめた報告書（総集編）を刊行していた。その内容には私たちの研究チーム

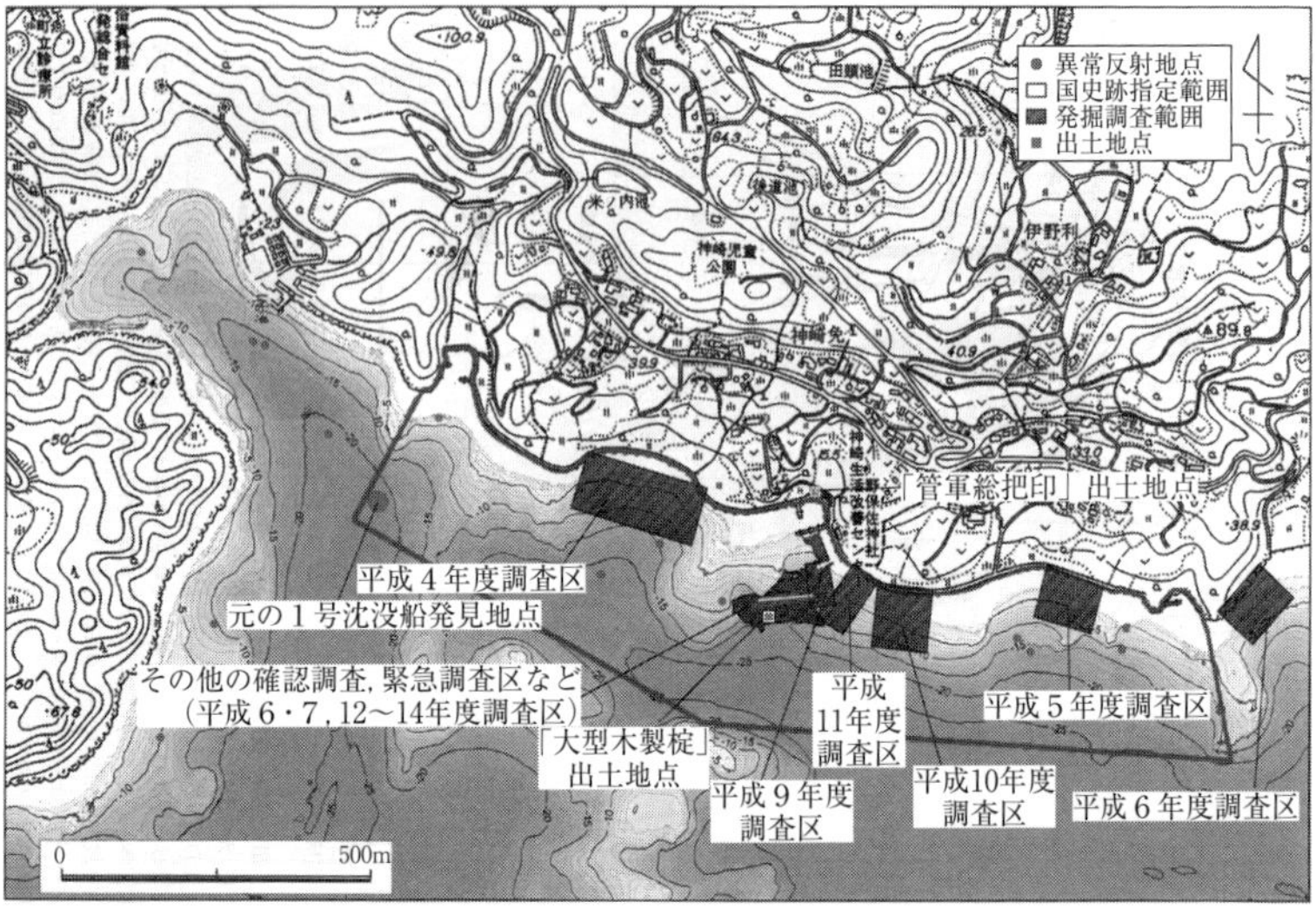

図31　鷹島神崎遺跡国指定範囲（『国指定史跡鷹島神崎遺跡保存管理計画書』2014）

が三月末に刊行していた科学研究費補助金による調査研究報告書に採録した成果が多く取り入れられていた。

　鷹島一号沈没船検出後の一一月二五日には政府の閣議で参議院議員の質問に対する「元軍船の船体保存に対する支援の答弁書」が決定され、翌一二年一月には文部科学大臣が「鷹島神崎遺跡の国史跡指定」について文化審議会への諮問を行った。文化審議会では早急に審議を行い、二月中に答申書を文部科学大臣に提出した。これを受け、鷹島一号沈没船の検出地点を含む鷹島神崎港沖合の海域約三八万四〇〇〇平方メートルが「鷹島神崎遺跡」として、二〇一二年三月二七日付けで国史跡に指定された（図31）。鷹島一号沈没船の発見から約半年の間のスピード指定であった。これには鷹島一号沈没船発見のニュースに対する国民的な関心の高まりが大きな支えになったことは言うまでもない。鷹島一号沈没船は貴重な国民の財産であることが広く認められたのである。

「鷹島神崎遺跡保存管理計画策定委員会」の設置

「鷹島神崎遺跡」の国史跡指定を受け、松浦市では遺跡の保存管理計画を策定する必要が生じた。

このため、二〇一二・一三（平成二四・二五）年度の二年間にわたって「鷹島神崎遺跡保存管理計画策定委員会」が設置された。委員には文化庁で文化財行政に関わった経験を持つ奈良大学教授の坂井秀弥さんや鷹島海底遺跡出土遺物の保存処理に関わってきた九州国立博物館保存科学室長の今津節生さん、奈良文化財研究所埋蔵文化財センター保存修復科学研究室長の高妻洋成さん、NPO法人アジア水中考古学研究所長の林田憲三さん、長崎県教育庁学芸文化課の高野晋司さんなどとともに私も参加した。このほかに地元松浦市の新松浦漁業協同組合や観光物産協会、長崎県土木部関係者も委員に加わり、鷹島神崎遺跡の保存や活用をめぐる今後の方針についての検討が進められた。その審議の結果は二〇一四（平成二六）年三月に刊行された『国指定史跡鷹島神崎遺跡保存管理計画書』にまとめられている。同書には「鷹島を水中考古学の拠点に」をスローガンとした短期（五年以内）、中期（一〇年程度）、長期（一〇年以上）の保存活用を目指した指針が示されている。

音波探査の成果

二〇一一（平成二三）年一〇月に実施した鷹島一号沈没船調査の際、調査に参加していた滝野さんは調査期間の第三期に鷹島一号沈没船調査で掘り下げを行った調査区およびその周辺で音波探査を行っていた。これは試掘調査で露出した状態にした鷹島一号沈没船船体や磚、陶磁器は音波探査でどのような反応を示すのかを確認することと、発掘調査では船体木材や磚の分布範囲を確認することに手一杯となったため、掘り下げができなかった周辺部分に鷹島一号沈没船の部材が埋れている可能性がないか確認することを目的としていた。滝野さんは海底地層調査で効力を発揮してきたSES2000を小型ボートに艤装《ぎそう》し、音波の周波数を開陽丸で試みた時と同様に四・六・八・一〇・一二・一五キロヘルツに変えながら、掘り下げた調査区の周辺を繰り返し航行して断層情報を取得していた。

この音波探査の結果を踏まえ、発掘調査を行って海底に露出させた状態の船体木材は海水との物性の違いが明確であるため、通常の海底面とは異なった強い音波探査反応として捉えられること、また同様の強い反応が未発掘の周辺部分にも認められることの情報が滝野さんから報告された。この情報では調査区の東側および西側の未発掘部分に鷹島一号沈没船につながる木材や磚、陶磁器が埋れている可能性があることになる。発掘調査では船体木材や磚と陶磁器検出状況の記録化に追われ、関連遺物の分布範囲を明確に把握できていなかったこともあり、再び発掘調査を行う必要性が提起されたのである。

滝野さんの指摘を受けた私たちの研究チームではこれを現場で確認するために新たな発掘調査を計画した。しかし、滝野さんの音波探査取得情報解析と並行して、元軍船発見のニュースをきっかけとする「鷹島神崎遺跡」の国史跡指定に向けた動きが急速に進んでおり、鷹島一号沈没船含む神崎港周辺の海域は国史跡の範囲に含まれることになった。この際、国史跡指定作業が進行している間、指定予定海域での新たな調査は難しかったことから、私たちの研究チームでは松浦市教育委員会や文化庁に対して滝野さんの音波探査情報について連絡するとともに、国史跡指定後には改めて鷹島一号沈没船周辺の掘り下げ確認調査を実施したいという希望を伝えた。これを受けた松浦市では文化庁や長崎県との協議を重ね、国史跡指定後に松浦市が主体となって実施する範囲確認調査として、鷹島一号沈没船周辺の確認調査を行うことになった。この調査は二〇一二年度に実施され、私たちの研究チームには積極的に参加、協力することが許された。

図32　鷹島海底遺跡調査参加者（前列左端・中田敦之さん，２人目・初めての女性作業ダイバー前田博美さん，後列左から２人目・町村剛さん，2012年６月）

追加調査の実施体制

二〇一二（平成二四）年六月一八～二八日と九月二二日～一〇月一二日の二回にわたって松浦市が主体者となり、私たちの研究チームが協力参加する鷹島一号沈没船の追加調査が行われた。調査の目的は鷹島一号沈没船の周辺で実施した音波探査情報の検証を行うこと、さらにこれを含めて鷹島一号沈没船の船体および関連遺物の分布範囲を確定することである。

六月の調査では松浦市教育委員会社会教育課から中田敦之さんが担当者として参加し、作業ダイバーは前回から一人増えて九人となった。増えた一人は鷹島海底遺跡での調査が始まって以来、初めての女性作業ダイバーである（図32）。残り八人の作業ダイバーは前回の調査から半分が入れ替わり、私たちの研究チームからは滝野さんと私が参加した。また、今回の調査ではＮＨＫ福岡放送局のスタッフ五～六名が年末に放送予定の「ＮＨＫスペシャル」番組制作のために、別途、取材船を用意して調査の同行取材を行うこととなった（図33）。

図33　鷹島取材船上での説明（2012年6月）

追加調査の内容

滝野さんの音波探査情報の分析に基づき、鷹島一号沈没船検出の際の六調査区を中心に東側へ二調査区拡張し、前回の調査区の鋼管を基準として、新たな調査区基準杭の位置を計り出して鋼管を打ち込んだ。また、西側についても竜骨の一部を検出した調査区の西側に二調査区を拡張するための鋼管を打った。結果として五メートル四方の調査区は合計して東西方向に五調査区、南北方向に二調査区の計一〇調査区を設定したことになる。

六月の調査では新たに設定した東側

二調査区の掘り下げを行った。滝野さんの想定では前回の調査と同様に海底面を掘り下げた深度約一《メートル》の位置から蒙古襲来に関わる何らかの遺物が検出されるはずであったが、掘り下げた調査区では木材の小片が検出されるものの船体木材や磚がまとまって出土することはなかった。このため、情報を提供した滝野さんと協議を重ねたが、その原因について明確な回答を出すことができなかった。また、元軍船船体の龍骨東端は前年度の確認部分までしか残っておらず、龍骨の両側に塗られていた漆喰のみがさらに東側へ一・五《メートル》ほど残っているのを確認することとなった。沈没当初は残っていた竜骨木材がフナクイムシによって蚕食《さんしょく》されたため、竜骨に付着していた漆喰部分が割れ落ちて残ったと考えられる。元軍船船体の埋没状況をみると、調査区の西側では深く、東側では浅く埋れており、浅く埋れた東側ではフナクイムシによる蚕食が進行したと理解される。また、西側が深く埋れていたのは磚や陶磁器が調査区の西側に偏って検出されることに関わっており、船内の西側にこれらの磚や陶磁器が積み込まれていたことが原因となって、西側が深く海底堆積土中に潜り込むことになったと考えられる。

続く九・一〇月の調査では竜骨の西側先端部分を検出するために一部を掘り下げていた二調査区に加え、新たに設定した西側の二調査区を掘り下げた。滝野さんの想定ではこれらの四調査区でも蒙古襲来に関わる何らかの遺物が存在するはずであった。しかし、やはり木材や陶磁器が散発的に認められるのみで船体木材や陶磁器がまとまって検出されることはなかった。また、前回の調査で確認していた竜骨の西端部分には他の木材を組み合わせのための加工が施されていたことから、これに結合できる他の竜骨部材の確認を目指したが、これも検出できなかった。結果として現存する竜骨の長さは前年度の調査で確認していた一二《メートル》までであり、これに東側に拡張した調査区で確認した割れ落ちた状態の漆喰の残存長一・五《メートル》を加えた一三・五《メートル》が現状での推定可能な竜骨最大長となった。

調査後、音波探査情報と発掘調査による検出状況の違いについて、改めて滝野さんと協議を行った。元軍船の発見は音波探査情報の分析を踏まえて実施した発掘調査によって到達したことからすれば、発見した元軍船とその周辺を対象として行った二〇一二（平成二四）年度の二回の音波探査反応の分析に基づいた今回の調査では、当然ながら元軍船や蒙古襲来関係遺物が確実に検出できるはずであった。しかし、実際の調査では音波探査の反応に相当すると考えられる元軍船や蒙古襲来関係遺物はほとんど確認できなかった。ここで用いた周波数は開陽丸の音波探査で船体木材を捉えることができたいくつかの周波数を試していたこともあり、音波探査はどのような物性の堆積物を捉えていたのか、改めて考え直さなければならないこととなったのである。

そこで、海底堆積層の形成過程や堆積成分の分析を専門とする研究者の参画を求め、山

図34　海底堆積層の採取道具（手前・楮原京子さん，奥・滝野義幸さん）

口大学楮原京子講師に土壌の分析をお願いすることにした。楮原さんは地形学を専門とし、海底で採取した堆積土サンプルについて目視による混入物の抽出と堆積層内の粒度分析、花粉分析などを行って、音波探査が反応した物性の解明を試みてもらうのである。なお、海底堆積層の採取は一〜一・五《メートル》の長さに切った直径一〇《センチ》ほどのアクリル管を海底面に打ち込んだ後、アクリル管内の上下に栓をして管内に入った堆積層をそのまま取り上げる方法で行う。アクリル管は人力もしくはハンマーによる打ち込みで堆積層内に埋め込み、上端に栓をして海底から引き抜く。この際、アクリル管内に入った堆

図35　採取した海底堆積層

積層がこぼれ落ちることがあるため、作業は迅速かつ慎重に行わなければならない。しかし、この作業についても調査に参加した作業ダイバーの尽力によって上手くサンプリングすることができた（図34・35）。この土壌サンプリングは六月の調査の際に実施し、分析を引き受けてもらった楮原さんには翌二〇一三年度から私たちの研究チームに参加してもらうことになった。

また、一〇月の調査の際には奈良文化財研究所高妻洋成保存修復科学研究室長の紹介に基づき、埋め戻しを行った鷹島一号沈没船周辺の海底環境調査を実施するための水中温度計や酸素濃度計、塩分濃度計、照度計を鷹島一号船調査区に打った鋼管の一本に設置した

(図52参照)。この作業に当たった柳田明進さんも二〇一四（平成二六）年度から私たちの研究チームに加わることになる。

調査の記録作成

発掘調査を終了した後には、改めて調査区全体の記録映像を撮影し、元軍船や蒙古襲来関係遺物の検出状況の図化作業を行った。二〇一一（平成二三）年度調査では時間に追われるなかで実測を行ったため充分に観察できなかった点も多かったが、これを補足する図化作業ができた。

また、調査終了後は用意した銅網で船体および磚や陶磁器などの出土遺物を完全に覆い、その上を砂嚢袋で押さえて原位置での保全を図った後、再び発掘調査で掘り上げていた泥土の埋め戻しを行った。ただし、海底から掘り上げた泥土は中に含まれる砂粒と浮泥に別れており、砂粒は銅網と砂嚢袋上に堆積するが、浮泥は海底面近くを漂う状態となる。このため、海底での埋め戻しは陸上とまったく同じようにはできないのである。

鷹島一号沈没船の実像

鷹島一号沈没船の命名

二〇一一（平成二三）年一〇月の調査で検出した元軍船について、当初は単純に元軍船あるいは元寇沈船と呼んでいた。しかし、二〇一四（平成二六）年三月末に松浦市教育委員会から刊行された『国指定史跡鷹島神崎遺跡保存管理計画書』において、今後の調査で新たな元軍船が検出されることに備え、本元軍船については鷹島一号沈没船と呼ぶこととなった。その後、鷹島一号沈没船の表記が一般的となり、続いて検出される元軍船は順に二号、三号と命名されることになった。本書でもこの表記に従うこととする。

船体の検出状況

鷹島一号沈没船は鷹島の南海岸最奥部に位置する黒津浦《くろつうら》で発見された。海底地形からみれば、黒津浦の谷奥から東に向かって海底谷が延びており、この谷が南側に緩く折れ曲がる部分の東側斜面から谷底平坦面への傾斜変換点に当たる。海岸線からは沖合約二〇〇メートル、水深約二三〜二五メートル、海底面を一メートルほど掘り下げた位置である。船体の基底部分をなす竜骨が東西方向に伸びており、これに沿った両舷側の板材（外板）が竜骨の北側と南側に倒れた状態で残存していた。東西方向に横たわる竜骨の東側が海底の斜面上部、西側が斜面下部に位置しており、東側から西側に向けて深度が深くなる。竜骨は幅約五〇センチの木材を用い、約一二メートルの長さまで確認できたが、中程で折れている。上面を露出させた状態で掘り下げを留めているため確認していないが、竜骨と外板材との隙間に手を入れて木組み状態を探った限りでは、厚さも五〇センチ前後になると考えられる。竜骨の西端先端部分には木組みのための加工が見られる。これに対して、東側先端部分はフナクイムシに蚕食されており、原形を留めていない。竜骨の両側面には漆喰と思われる白灰色の塗料が塗り固められており、フナクイムシに蚕食された東側先端部ではさらに東側に向けて約一・五メートルの範囲で割れ落ちた漆喰が確認される。このことからすれば、本来の竜骨東側先端部分はこの漆喰が割れ落ちた位置まで延びていたと考えられる。割れ落ちた漆喰部分までを加えた竜骨の復元長は最短でも約一三・五メートルとなる（図36）。

竜骨に並行して横たわる外板は北側ではほぼ竜骨と接しているのに対して、南側では竜骨から約一メートル離れた位置にある。北側では竜骨から約一・五メートルの範囲まで密着した状態、そこからさらに外側一・五メートルほどの範囲ではまばらな状態で残存する。外板に用いた木材は竜骨に近い方が厚く、竜骨から遠ざかるにしたがって少しずつ厚みを減じる。観察できた竜骨脇の外板材の幅は北側で約三〇センチ、南側で約四五センチを測る部分があり、竜骨と接する外板材の厚みは三〇センチを超すと推測される。その外側の外板材は基本的に幅二〇〜三〇

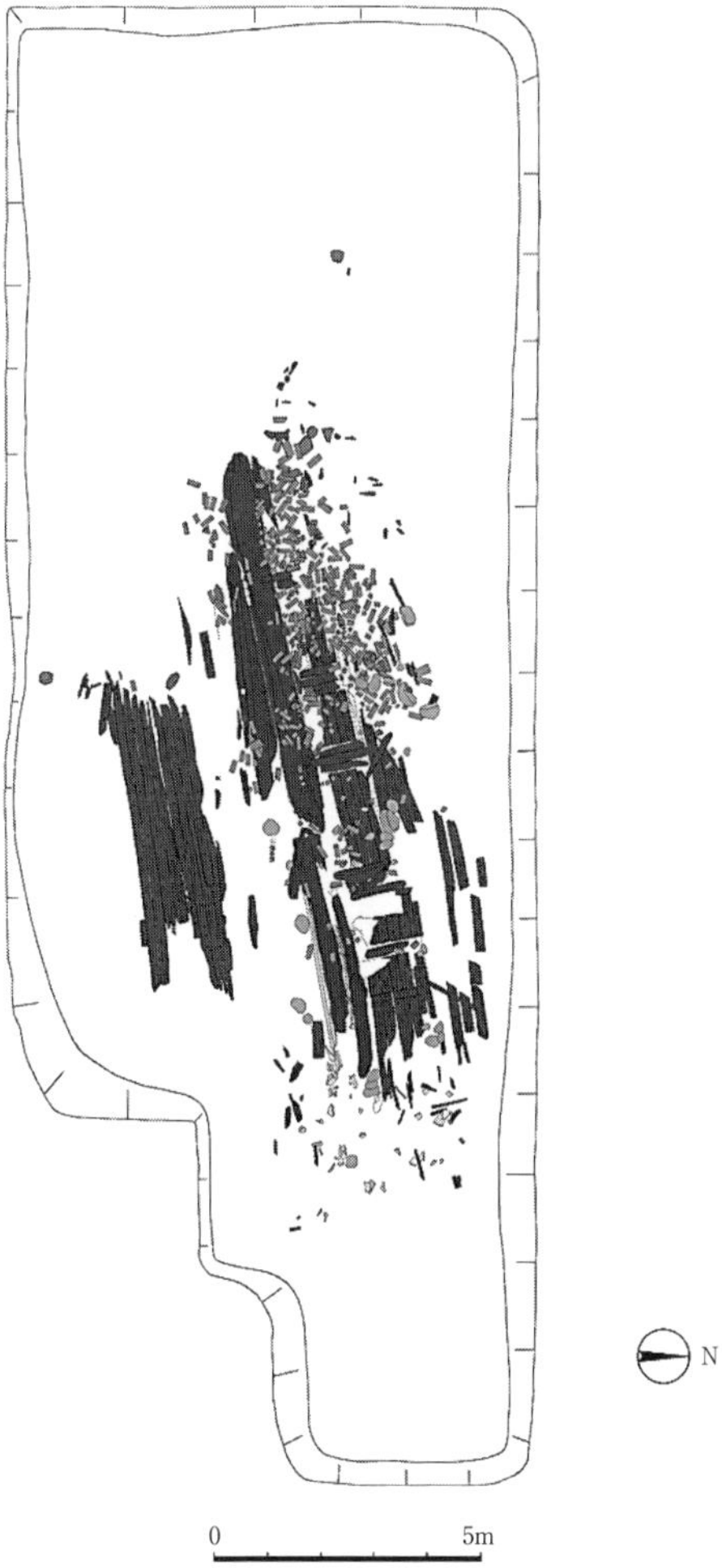

図36　鷹島１号沈没船実測図（池田編『科研費調査研究報告書』第３冊，2016）

センチ、厚さ一〇～一五センチである。南側では約二メートルの範囲で長さ五～六メートルの外板材が竜骨と並行に並んだ状態が観察される。竜骨から離れていることからすれば、船体が沈没する際に北側の外板材が海底面に着底し、その後、南側の外板材が海底面に倒れたことによって、竜骨北側と南側の外板材が竜骨を挟んで平らな状態に拡がったことが推測される。南側の外板に用いた木材は幅一五～二五センチ、厚さ約一〇センチのものが多く、長さは一メートル程度の短いものから、六メートル近くのものまでがある。また、竜骨の北側に残る外板材は二枚重ねになった部分が多くみられるのに対して、南側は船底から船縁に向けて数枚の板材を連結させた状態が確認される。

竜骨の北側の外板材の上には竜骨や外板に対して直交する木材二～三枚ずつが間隔を置いて配置されており、これらは船体内部を仕切る隔壁（仕切り板）とこれに沿って用いられる肋材《ろくざい》（添え木）と考えられる。隔壁および肋材の厚さはほぼ一〇センチ前後であるが、外板に接したごくわずかな部分が残存しているのみで、明確な構造の確認は難しい。

竜骨北側の外板材が二枚重ねに見える部分では、船内側に位置する板材が隔壁と隔壁の間に嵌《は》め込まれていることからすれば、これは船底の内壁に配置された化《け》粧板《しょういた》、もしくは床材であった可能性が考えられる。竜骨北側の外板材のなかには隔壁材や肋材が無くなっているものの小口部分を切り揃えた部分や表面の色調が変化した部分があり、ここに船

図37　鷹島１号沈没船竜骨脇の漆喰

体を支える隔壁を釘で留めたと思われる痕跡を観察することができる。外板や隔壁、肋材に用いた木材の接合面には竜骨の両側面と同様に漆喰を塗布した痕跡がいたるところに残っている（図37）。

また、竜骨材を見ると、隔壁を配した位置に一〇センチ×四センチほどの繰り込みが認められる部分があり、これは竜骨材に隔壁材を取り付ける部分に何らかの加工を加えた痕と考えられる。竜骨北側に残る隔壁と思われる板材、および隔壁を釘留めしていたと考えられる部分を確認すれば六ヵ所となる。その間に嵌め込まれた化粧板もしくは床板は長さがきれい切り揃えられており、

図38　鷹島１号沈没船出土磚

その長さは東側から六〇、四〇、一八〇、一一〇、九〇センチ＋αを測る。

磚や陶磁器などの検出状況

竜骨や外板材の上には大量の磚や中国産陶磁器（壺《つぼ》、碗など）片、硯《すずり》片、携帯用砥石《といし》、球形土製品片（てつはう）、金属製半円球状製品などが散乱した状態で確認される。

磚（図38）は長さ約二七センチ、幅約九センチ、厚さ約六センチの大きさが一般的で、これにやや幅の大きいものや長さが短いものなどが少し混じり、その半数近くは欠損している。調査区の北東側にはこれらの遺物集中部分があり、そこで実測した磚の総数は約三〇〇個を超える。破損したものが多いことと検出した調査区での位置を考え合わせると、これらの磚は船体のバランスをとるためのバラストとして、隔壁で仕切られた船体内部区画のなかに積み込まれていたと考えられる。中国陶磁器は細長い四耳壺《しじこ》や丸胴壺などの貯蔵用陶器と青磁碗《せいじわん》や白磁碗《はくじわん》など食事用の磁器がある。硯

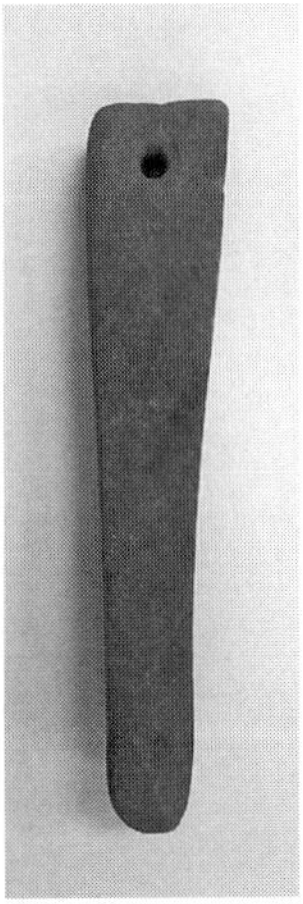

図40　鷹島１号沈没船出土砥石

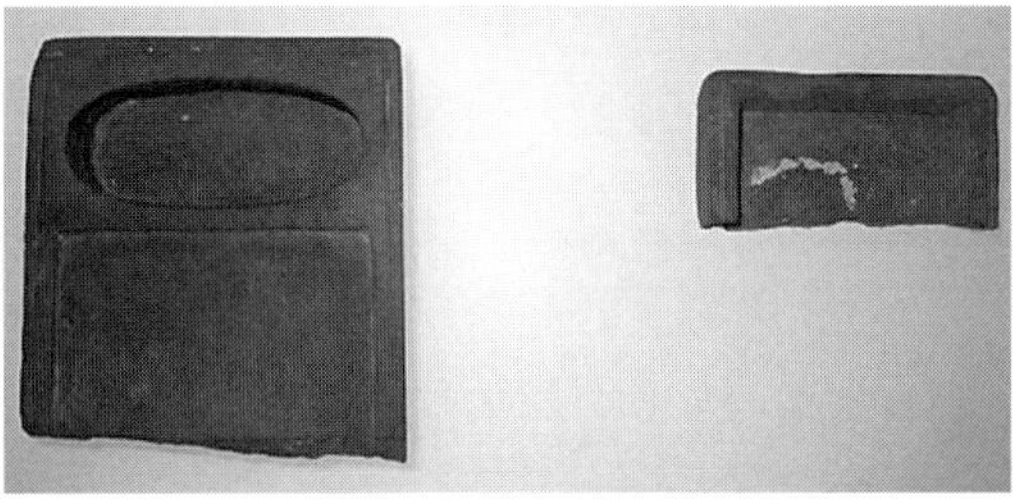

図39　鷹島１号沈没船出土硯

（図39）はいずれも欠けているが幅五～八センチほどの小型品であり、携帯用と考えられる。砥石（図40）は方柱状を呈し、一角約二センチ、長さ一〇・四センチを測る。四面は研ぎ減りして弧状に凹んでいる。頂部に「T」字状の穿孔《せんこう》を施し、紐を通して吊り下げるように加工されており、携帯用と考えられる。球形土製品は下半部だけの破片で、内部に轆轤《ろくろ》を使って底部から整形した跡が渦状に残る。

金属製半円球状製品（図41）は直径約一〇センチの円球を二つに割った半球状の平面部分に方形の凹みを設けた製品である。半球の直径は一〇センチであるが、平面を下にして半球頂部までの高さを測ると五・六センチを呈する。半球に施した方形の凹みは長軸五・二センチ、短軸四・一センチ、深さは三・七センチで、四周および凹底面は直線的ではなく、やや丸みを持つ。素材金属は青銅製品であり、重量は一・一五キログラムを計る。同様の製品は朝日新聞社が一九八一（昭和五六）年に刊行した冊子

図41　鷹島1号沈没船出土金属製半球状製品

『七〇〇年のロマン　海から甦る元寇』のなかにも類品の写真が掲載されており、同書では「船のギ（艤＝池田補注）装部品の可能性もある青銅製加工物」と記されている。鷹島一号沈没船における検出位置は竜骨に近い船底内部であったことからすれば、マスト材の下端に設けたベアリングのような役割を想定できるが、その正確な用途は不詳である。いずれも元軍船の設備に伴う遺物であると考えられる。

これらの遺物のほとんどは現地に残し、銅網で覆って現地保存を図った。磚や中国陶磁器の一部と硯片、携帯用砥石は引き揚げを行ったが、これらは泥土掘り下げの際、原位置から移動してしまったことによる。また、金属製半球状製品は見慣れない金属製品であったことから引き揚げを行った。

類例はどこに？

鷹島一号沈没船は鷹島海底遺跡において、船体構造を残した状態で発見された初めての沈没船である。このため、大きさを含む船体構造の復元、およびこれと積荷の分析を踏まえた元軍船団内での位置付けなどについて、多くの

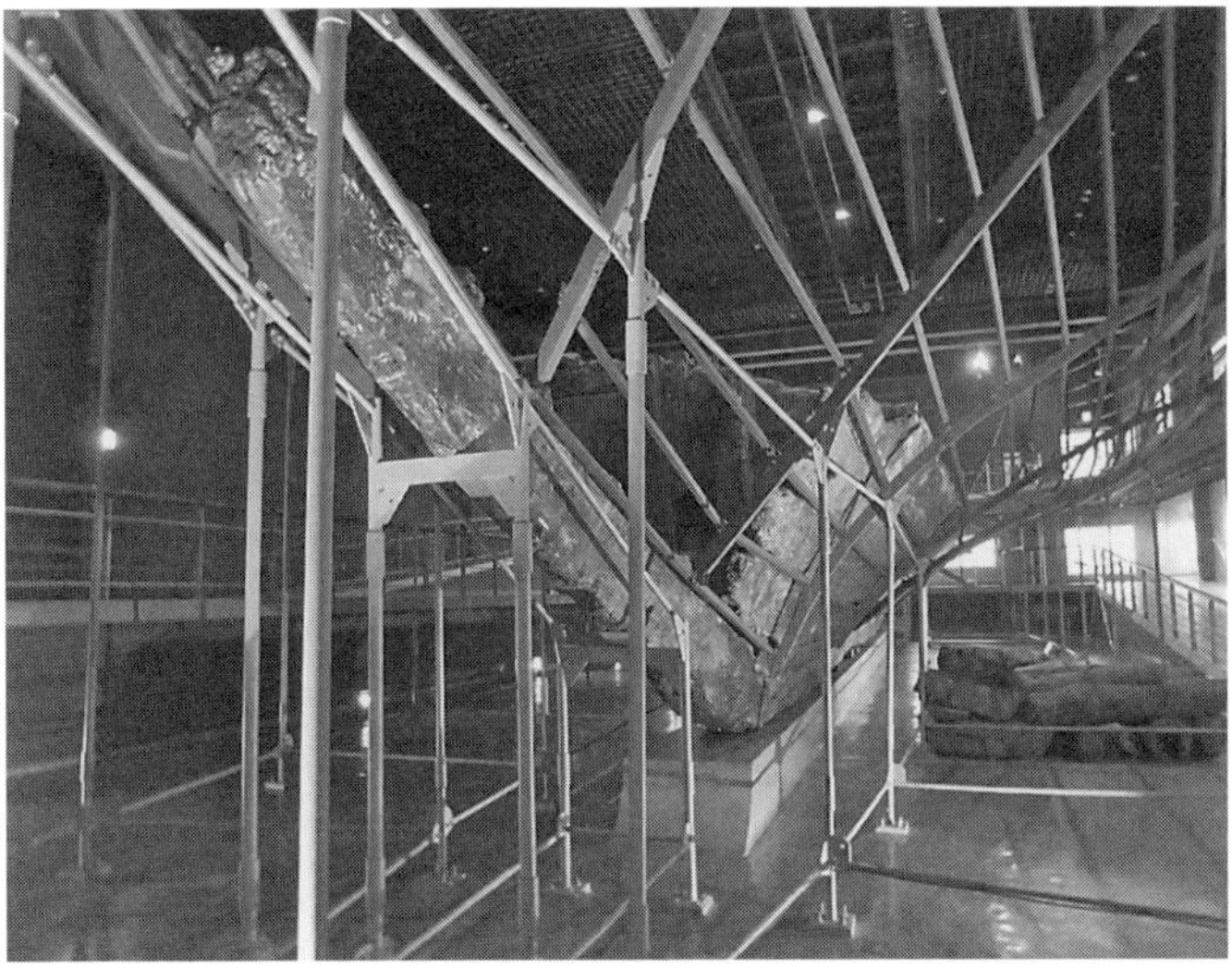

図42　新安沈没船船首部分

関心を集めることとなった。そこで、鷹島一号沈没船に類似する構造を持つ同時期の発見船例を渉猟《しょうりょう》すれば、日本国内にはなく、中国福建省泉州《せんしゅう》市后渚《こうしょ》港発見船や韓国全羅南道新安《チョルラナムドシナン》郡新安海底遺跡出土船（図42・43）に類例が求められる。いずれも中国宋・元代の船舶であり、前者は中国南宋代、後者は積荷の文字記録から一三二〇年代に沈没したと報告されている。

両者とも船底中央に竜骨を据え、竜骨と直交する仕切りのための隔壁材を複数設置する。隔壁材は竜骨から上部に向けて「V」字形に広がる形に配し、これに外板材を釘で打ち付けて船体を構築する。船首部分は船底の竜骨に船

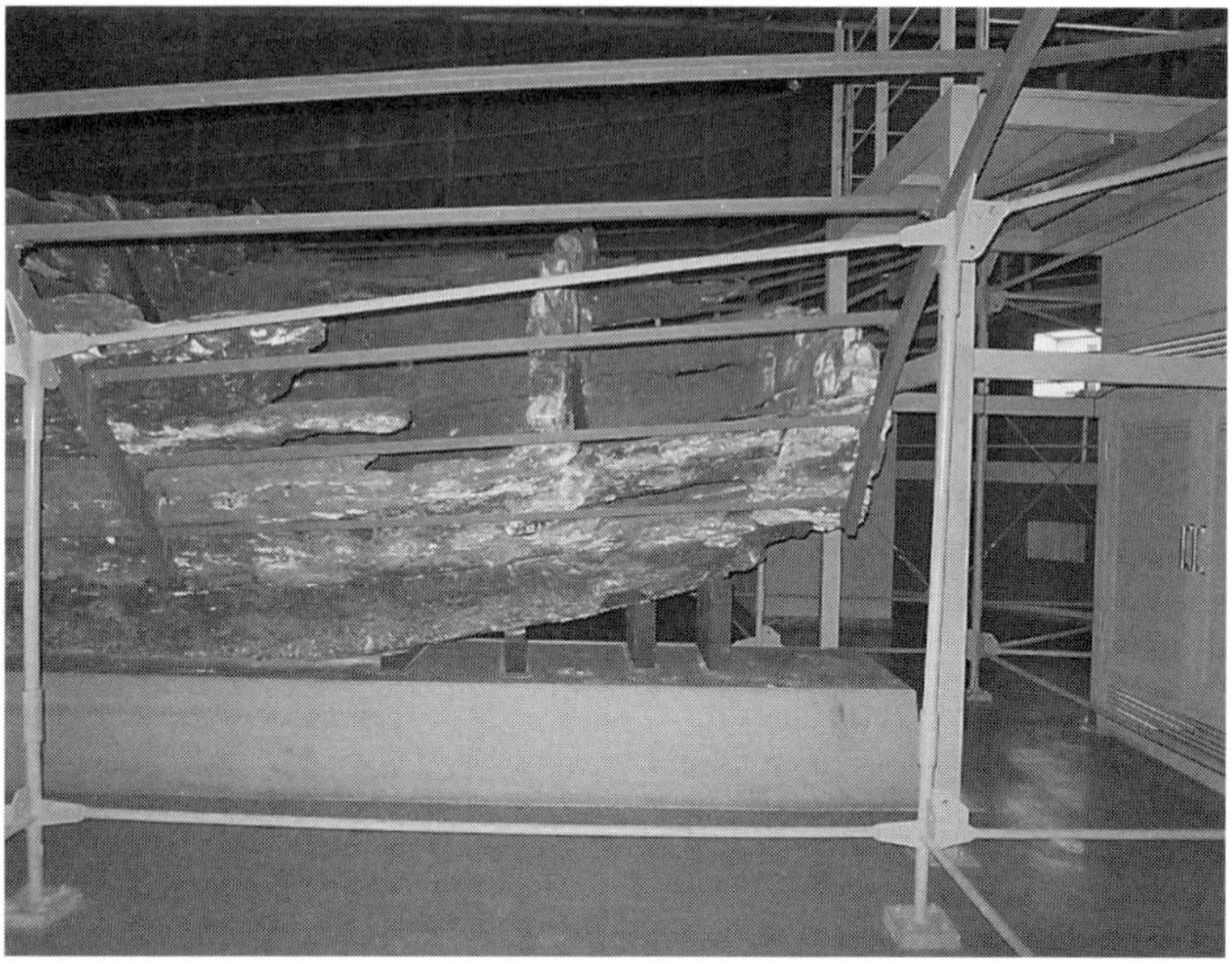

図43　新安沈没船船尾部分

首竜骨を組み込み、これに外板材を釘留めして鋭角につくるのに対して、船尾部分は「V」字形をなす船尾端部の外板材に横板を打ち付けて、やや斜めに立ち上がる平らな構造をとる。中国宋元代の外洋航海船は基本的にこのような竜骨と隔壁、外板材によって構成される（宇野二〇〇五、松木一九九二・一九九七、山形二〇〇四）。

　これに対して、近年、韓国において発見が相次いでいる高麗《こうらい》時代の沈船は複数の大型木材を横に並べ、これを閂《かんぬき》で連結して平らな船底をつくる点に特徴がある。この船底の上に胴部用材を緩やかに立ち上げながら積み上げ、横梁材で固定して船体を構築する。船

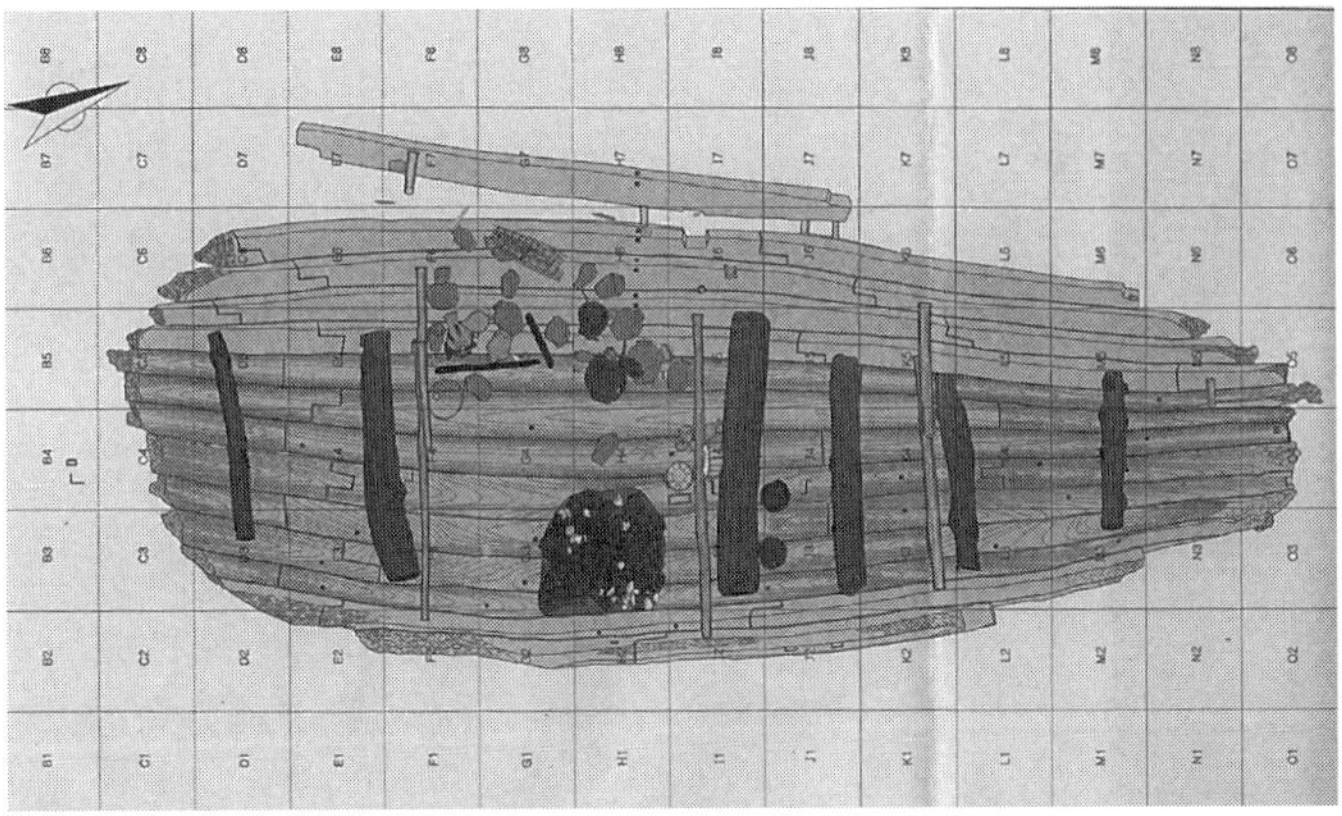

図44　泰安馬島２号船（韓国文化財庁・韓国国立海洋文化財研究所『泰安馬島２号船』2011）

首および船尾部分はともに横板を打ち付けた平らな構造となり、中国船のような船首の竜骨を設けない。この点からすれば、高麗船は中国宋・元代船と異なり、船底を平底につくり、船体は横梁によって支え、船首、船尾は平らな構造とする特徴を持つこととなる（図44、韓国文化財庁・国立海洋文化財研究所二〇一一・二〇一二）。

弘安の役には高麗合浦《ハッポ》から進発した東路軍船団と慶元《けいげん》から舟山《しゅうざん》列島にかけての海域から進発した江南《こうなん》軍船団があったことからすれば、鷹島海底遺跡からは高麗船と中国船双方の船舶を確認できる可能性がある。しかし、鷹島一号沈没船の場合には、右記した船体構造の特徴や積荷の内容からする限り、江南軍船団のなかの一艘であった可能性が高いこととなる。

江南軍船であるならば、東西方向に横たわる竜骨の東側、もしくは西側に船首を構築する船首竜骨材が存在しなければならないが、調査区内には残存しない。また、船尾部が確認できる部材もなく、船首と船尾の確定ができない。仮に竜骨西側先端部の枘について、船首竜骨材を組み込むための加工と理解すれば西側が船首となる。現存する竜骨材の長さは約一二メートル《メートル》であり、これに漆喰の検出状況からの推定値を加えると、竜骨は最短でも約一三・五メートル《メートル》の長さに復元される。

船舶構造の検討と復元

なお、竜骨北側に残る隔壁と思われる板材、および隔壁を釘留めしていたと考えられる部分は六ヵ所が確認でき、その間に嵌め込まれた化粧板もしくは床板の長さは、東側から六〇、四〇、一八〇、一一〇、九〇センチ《センチ》＋αであった。東から二番目の化粧板もしくは床板の長さ四〇センチ《センチ》は隔壁間の奥行長よりもかなり短く切り揃えられており、ここに何らかの造作がなされていたと考えられる。この部分の隔壁間の奥行長は約一〇〇センチ《センチ》である。現存する船体木材に見られる隔壁間の奥行きは嵌め込まれた木材の長さが一八〇センチ《センチ》であった部分を最長とし、その両側はこれより短い一〇〇センチ《センチ》前後の奥行長となる。

この隔壁による区画について、韓国新安船では「艙《ソウ》」と呼び、八室を確認している（図45）。新安船の艙の奥行きは船首側から五〇一、二七四、二六一、三〇九、二五三、二六一、二〇二、一九四センチ《センチ》とされ、船首部への移行部にあたる一室を除けば中央が最大長とな

図45　新安沈没船艙部分

る。船首側の隔壁船首側と、奥行きが三〇九センチと最も大きかった艙の船尾側隔壁に接して帆柱が設けられている。なお、新安船では竜骨の幅が中央部で約七〇センチを測り、鷹島一号沈没船の約五〇センチより二〇センチ大きい。残存部分を踏まえた新安船の復元船長は約三二メートル、船体最大幅は一一メートルとされる。

　これに対して、中国泉州船では船首竜骨と竜骨を接合した部分から船尾までに一二室があり、公刊されている図面から「艙」の長さを計り出すと、船首側から約一六〇、約一三五、約一四〇、約一六〇、約九〇、約一三五、約一四〇、約一四〇、約一六〇、約一四〇、約六〇、約五五センチとなる。船尾部分の二室を除く艙長は約一三五センチが二室、約一四〇センチが四室、約一六〇センチが二室であり、船尾側の隔壁に接して帆柱が設けられていた船体ほぼ中央部の艙のみが約九〇センチであった。また、泉州船では最も船首近くに設けられた隔壁の船首側にもう一本の帆柱があり、竜骨は幅四二センチ、厚さ二七センチを測る。残存船材を踏まえた復元船長は約三〇メートル、最大幅約一〇・五メートル、船の高さ約五・〇メートルとされる。

新安船と泉州船では船長を復元する際に竜骨長のほぼ二倍と推定している。これを参考にすれば、鷹島一号沈没船の場合、調査によって復元した竜骨長が一三・五メートルであることから、復元船長は二七メートル前後となる。ただし、竜骨の東端が欠損しているため、これはあくまでも推定値に過ぎない。竜骨の幅を参考にすれば、鷹島一号沈没船では泉州船の四二センチよりも広く、新安船の約七〇センチよりも狭い約五〇センチである。このことからすれば、鷹島一号沈没船は泉州船（船長約三〇メートル）と新安船（約三二メートル）の中間的な大きさであったことも考えられる。

鷹島一号沈没船の性格

中国明代に編纂された『元史』や『元史紀《き》事《じ》本末《ほんまつ》』には、文永の役に際して、高麗屯田経略使であった忻都《きんと》や洪茶丘《ホンサグ》に命じて、「千料舟、抜都魯軽疾舟、汲水小舟」の三種の船各三〇〇艘に士卒一万五〇〇〇名をのせ、日本へ向かわせたと記されている。「千料舟」は大型船、「抜都魯軽疾舟」は小型高速船、

「汲水小舟」は水や武器などを積む小型船とされていることは前述した（太田一九九七）。二度目の弘安の役では高麗からの東路軍船九〇〇艘に加えて、慶元からの江南軍船三五〇〇艘が元軍船団として編成されており、船団のなかには「千料舟、抜都魯軽疾舟、汲水小舟」の三種を含めて、さまざまな役割を持ち、構造も異なる船舶が多数あったと推測される。しかしながら、文献史資料からこれらの船舶の構造や大きさなどの具体像を抽出することは今のところかなり難しい。鷹島一号沈没船の理解を深めるには鷹島海底遺跡において構造復元が可能な状態の元軍船発見例を追加し、比較検討を図ることが最も肝要なこととなる。

調査研究の周知化

私たちの研究チームによる鷹島海底遺跡での調査は報道各社の取材を受けた。中でも熱心に取材を続けた福岡ＲＫＢ毎日放送の今林さんたちは調査の内容について、調査のたびに夕方の情報番組でニュースとして取り上げた。また、取材内容をもとにした一時間の特別番組「甦る元寇の船―神風の正体に迫る―」をつくり、二〇一二（平成二四）年大晦日の一二月三一日に放映した。同番組は翌年に開催された「第五四回科学技術映像祭」の「科学技術教養部門」に出品され、「文部科学大臣賞」を受賞している。なお、受賞作は後日、ＮＨＫ教育テレビで全国放映され、私たちの調査の内容を多くの方々に見てもらうこととなった。

また、二〇一二年六月の調査に同行したNHK福岡放送局の大野兼司さんたちがつくった「発見！　幻の巨大軍船―モンゴル帝国vs日本　七三〇年目の真実―」は、同年一一月三日にNHKスペシャルとして全国放送された。なお、同番組は後に翻訳され、NHKの国際放送でも放映された。鷹島一号沈没船の存在と私たちの調査が世界的に紹介されたのである。このほか、大野さんはNHK福岡放送局が制作し、九州地域で放映する「きんすた」で鷹島海底遺跡を取り上げた番組を企画し、二〇一三年七月に放映した。同番組では私がスタジオに出向き、福岡市内の小学生に鷹島海底遺跡調査の内容を紹介した。

これらのテレビ番組の放映は鷹島海底遺跡についての関心を高めるうえで、大きな効果を及ぼしていることは言うまでもない。鷹島海底遺跡調査現場の状況をニュースとして取り上げて下さったことを含めて、取材いただいた報道各社のみなさんに感謝しているところである。

大型木製碇の調査と検討

突き棒調査の実施

二〇一二（平成二四）年九～一〇月にかけての鷹島一号沈没船調査の際、調査区の中央から東西および南北方向に向けて約五〇メートルずつ作業ダイバーによる任意の突き棒調査を行っていた。調査区に打った鋼管にメジャーを結びつけ、手持ちの水中磁石を確認しながらそれぞれの方向へ向けて突き棒調査を行うのである。この突き棒調査では数ヵ所で当たりがあった。しかし、面的に広がる状況ではなく、突き棒調査を実施した範囲に鷹島一号沈没船に続く元軍船が埋れている可能性はないことが知れた。そんななか、突き棒調査を行った作業ダイバーの一人である町村剛さんから鷹島一号沈没船が見つかった海底面は谷斜面から平らな海底へと変化する地点にあることを念頭において、一定方向ではなく地形に沿った突き棒調査を行ってみたいという提案があった。そこで、提案した町村さんに地形変換点に沿った突き棒調査をやってもらったところ、鷹島一号沈没船からほぼ北へ約八〇メートルの海底面で、やや大きめの木材と石材の手応えが得られた。町村さんはさらに周辺を細かく突き棒調査して木材と石材の広がりを確認し、木材についてはよくわからないが、石材は約三メートルの長さがあり、両者は少し離れて埋れていることを報告した。海底遺跡の調査では海底地形を考慮に入れることの重要性を町村さんに改めて教えられた形であった。突き棒の反応は碇石《いかりいし》の可能性が考えられた。しかし、鷹島一号沈没船調査中であったこともあり、内容確認のための調査は翌年以降に先送りすることとなった。

二〇一三年度の突き棒調査

鷹島一号沈没船の確認調査を実施した二〇一一（平成二三）年一〇月の調査の際、鷹島一号沈没船の周辺海域で音波探査を実施した滝野さんの調査成果報告書が二〇一三年三月に刊行された（池田編『科研費調査研究報告書』第一冊、二〇一三）。報告書には二〇一一年度に取得した音波探査データの分析に基づいて実施した二〇一二年度調査の際に、滝野さんが存在を予測した鷹島一号沈没船周辺未発掘部分での船体や積み荷がまったく確認できなかったことを踏まえて、音波探査による取得データを再検討した結果がまとめられていた。報告書のなかで滝野さんは鷹島一号沈没船を調査する契機となった初期の音波探査情報と、二〇一一年度に取得した音波探査情報をあわせた見直しを行っていた。

その結果、鷹島一号沈没船を発掘することにつながった音波探査反応が捉えていたのは磚や陶磁器の広がりであり、船体木材ではなかったとした。また、その周辺の海底面下で捉えた反応は海底堆積層内にみられる自然堆積物の物性の違いである可能性が高いことを指摘した。これまでの判断では音波探査では船体木材を捉えていたとしていたのに対して、鷹島一号沈没船および周辺の音波探査では船体木材ではなく別の物性の堆積物を捉えていたと修正したのである。そして、この修正を踏まえればまとまった積み荷が残る元軍船については音波探査によって検出できる目安ができたとの判断を示した。そのうえで鷹島一号沈没船の音波探査反応事例を手がかりとして、二〇一一年度音波探査反応を再類型化し、改めて元軍船が埋れている可能性があると考えられる地点を選び出していた。

私たちの研究チームとしてはこれまで元軍船の船体木材を捉えることを前提として音波探査を進めてきたことから、滝野さんの報告は極めてショックな内容であった。しかし、音波探査が元軍船の積荷である磚や陶磁器を捉えていたという情報はこれを前提とした調査手法に変更すれば、少なくとも積荷を持った元軍船の検出はできる可能性があるという考え方を生むことになった。そこで、滝野さんの検討結果についてもう一度検証するために、鷹島一号沈没船を含む黒津浦海域の音波探査反応地点総数三二一ヵ所のなかから滝野さんが新たに選別した三グループ二九地点の六地点について、二〇一三（平成二五）年一〇月に音波探査情報の特性を見極めることを目的とした突き棒調査を実施することとした。

突き棒調査の対象とした六地点では、音波探査反応の中心と思われる地点の座標を予め算出しておき、海底地形図の作成の際に使用したシーバットを用いて海底での位置を確定し、ここに鋼管を打った。その後、打った鋼管を基準として南北方向にメジャーを張り、これを基準として前回の突き棒調査の際につくった道具を用い、直行する東西方向に設置したメジャーに沿いながら一《メー》《トル》おきの突き棒調査を行った。

突き棒調査の成果

突き棒調査の結果、六地点の中の一地点では八《メー》《トル》×五《メー》《トル》の範囲で石材の集積と木材の存在が確認された。この確認状況は鷹島一号沈没船検出の際と極めて類似しており、同様の沈没船の存在が予想された。しかし、当該地点は地元漁業者の養殖生簀《いけす》の設置海域にあり、発掘調査による確認は行い難い条件下にあった。その他の五地点では硬い砂層や貝殻層の手応えがあり、音波探査はこれに反応していた可能性が考えられた。やはり、音波探査では蒙古襲来関係遺物だけでなく、自然の堆積物も捉えていた可能性が高いのである。

この突き棒調査によって音波探査反応のなかから積荷を持った元軍船と思われる反応を選別する手がかりが得られたことは私たちの研究チームの調査に次の展開をもたらすこと

になった。

大型木製碇の調査

二〇一三（平成二五）年度調査の後半には前年度の任意の突き棒調査で確認していた石材と木材についての試掘確認調査を実施した。

この調査では石材と木材の突き棒反応が得られた地点を取り囲むように東西および南北各五メートルの調査区を設定し、調査区の四隅に基準となる鋼管を設置した。その後、設定した調査区の周辺について東および西にそれぞれ一〇メートル、南に一五メートルの範囲を中心として一メートルごとの追加突き棒調査を行った。これは周辺での沈没船を含む蒙古襲来関係遺物の存在を期待した作業であったが、目立った反応を得ることはできなかった。

　そこで、次の作業として設定した調査区の掘り下げを行った。調査区周辺の水深は二〇・五メートルほどであり、掘り下げには水中ドレッジを用いた。調査区の堆積土は海底面近くでは粘質があるものの比較的掘り下げやすく、五〇センチほど掘り下げた位置から南北方向に横たわる木材が現れた（図46）。木材の表面はフナクイムシによる蚕食が見られ、かなり劣化していたが、幅約二五センチ、長さ一七五センチまでが確認できた。木材の南側は面取りが施されているのに対して、北側はフナクイムシによる蚕食によってボロボロの状態であった。しかし、木材の南側端部から約六〇センチの位置に幅七センチ、縦一三センチの枘穴らしき穿孔が見られたことから、木製碇《いかり》の碇身部材である可能性を考え、碇身部材が延びている可能性の

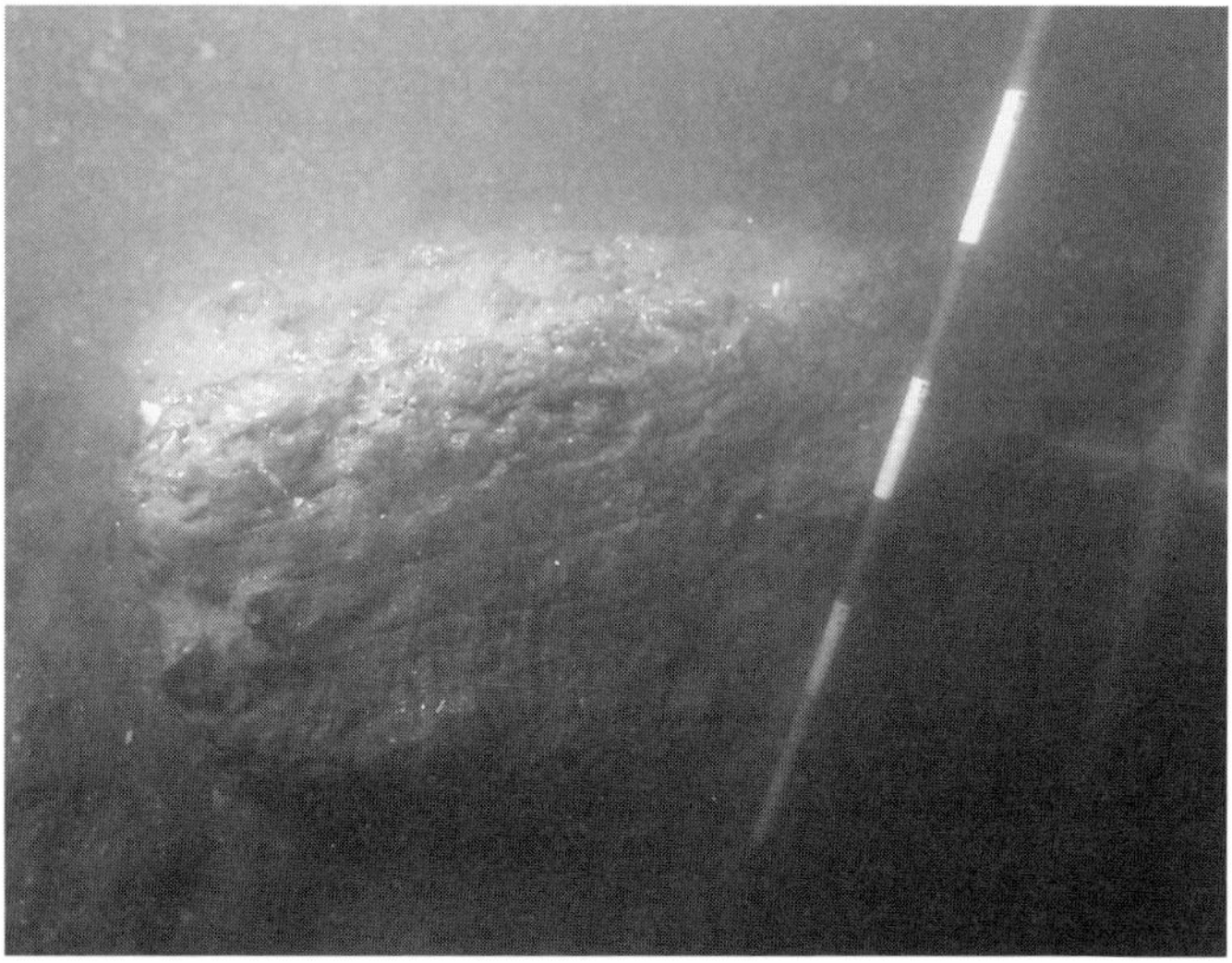

図46　大型木製椗（椗先端）

ある北側について突き棒による確認を行いながら掘り下げを進めた。

掘り下げ深度が五〇チセンを超えると次第に土質は硬い砂質となり、掘り下げに手間取るようになった。また、初めに確認した椗身部材と推測される木材では、端部の面取りがなされていた南端からさらに深く刺さり込んでいる部材の存在が確認され、全体の把握にはさらなる掘り下げが必要であった。しかし、木材全体を露出させながら掘り下げると支えを失った木材が倒れ込む恐れがあったため、木材の東側のみを掘り下げた。その過程で木材の南端から北側へ約二・五メートルの位置の海底面から八〇チセンほど掘り下げた辺りから貝殻が付着した幅四〇㌢ほどの石材が姿を見せ始めた。この石材の確認を進めた結果、木材に対して直交方向となる東西方向に横たわる椗石であることが明らかとなった。

大型木製椗の内容

　椗石は長さ二三〇㌢で、中央部分の幅が最も広く約五〇㌢、厚さ三五㌢、先端部分の幅約二〇㌢、厚さ約一五㌢を測り、東側がやや深めに埋れていた。石材の回りには貝殻が隙間なく付着しており、本椗石が海中において一時的に貝殻が付着する状態にあったことを示す。なお、椗石の北側に接して、幅・厚さともに一五㌢、長さ八〇㌢のやや歪《いびつ》な角柱の石材も検出された。手前にあった椗石に欠けたところはないことからすれば、本石材とは別の木製椗の椗石の可能性が考えられる。

　また、椗石を挟んで椗身部材の延長線上に幅約二〇㌢、厚さ約一五㌢、長さ約五〇㌢の角材が検出された。椗石の南にあった椗身材と幅や検出方向が同じであり、初めに検出した椗身部材の一部と考えられる。木材が木製椗の椗身部材であることがはっきりしたことから、木材の南端からさらに深く延びている部材は椗歯部であると推測された。これを確認するため木材の東側をさらに掘り進めたところ、海底面から一四〇㌢ほど掘り下げた深さで、椗歯部の先端部分が確認された。椗歯部先端部分の幅は約二〇㌢で、先端部分から次第に厚さを増して、椗身材の南端へ移行する。椗歯材の断面形はやや丸みを帯びた長方形である。

ところで、これまで鷹島で検出された木製碇では碇身部と碇歯部が別々の木材でつくられ、これを閂で留めた構造を持つものが一般的であり、場合によってはこれを釘留する構造であった。本木製碇も同様の構造を持つことを想定しながら掘り下げを進めたが、碇身部と碇歯部が一木造りとなっており、従来の木製碇とは大きく異なっていた。全体が明らかになった段階で再確認したところ、自然木の樹身とこれから延びた枝の部分を利用して連結し、木製碇の身部と歯部をつくり出していたことが知れた。現存する碇身材の南側先端部分は幅約二五センチ、厚み約三〇センチで、先端部分から枝分かれする部分までは約五五センチを計り、この位置での碇歯の厚さは約二五センチである。また、枝分かれした部分の碇身部材の厚さも約二五センチで、最初に確認した枘穴はちょうどこの位置に設けられている。碇身部材はここから北側に向けてフナクイムシに侵蝕されて厚さが次第に薄くなり、先端から長さ一七五センチの位置でなくなっている。

調査記録の作成と現地保存

木製碇およびこれに装着していた碇石の残存状況を確認した後、図化および映像記録撮影作業を行った。そのうえで、木製碇の部材と碇石を鷹島一号沈没船でも用いた銅網で覆い、これを砂嚢袋で埋め戻して保全し、調査を終了した。なお、調査区掘り下げの際の土質が非常に硬く締まっていたことから、掘り下げ範囲は木製碇と碇石の周辺に限ったため、当初設定した五メートル四方の調査区全体を掘り下げることはできず、かなり不定形な掘り下げ範囲となった。しかし、このことは埋め戻しにとっては作業を省力化できることにつながり、掘り下げ範囲に砂嚢袋を充塡する保存処置を行った。

本碇の周辺において蒙古襲来に関係すると考えられるその他の明確な遺物はなかった。しかし、堆積深度および碇石と木製碇の形態的特徴を踏まえて、蒙古襲来時に元軍船から海底に投下された木製碇であると判断した。ただし、先述したように本木製碇はこれまで鷹島海底遺跡で見つかっている碇石とは形態が異なっている。また、当初、本木製碇と鷹島一号沈没船の関係についても念頭においていたが、本木製碇は碇歯部材が北に向けて埋れており、これを用いた船体は本碇の北側に停泊していたと判断される。鷹島一号沈没船は本木製碇の南約八〇メートルの位置で検出されており、この点からすれば直接的な関連はないと考えられる。

残存状況

検出した木製碇は碇身部と碇歯部の原料材について、樹木の本体部とこれから派生した枝を利用した一木造りである。鷹島海底遺跡でこれまでに検出された木製碇（図47）はすべて碇身部材と碇歯部材を別造りしていたことからすれば、初めての検出例となる。

碇歯は海面下深く打ち込まれており、ほぼ完全な形で残存する。先端平面形は角部が丸

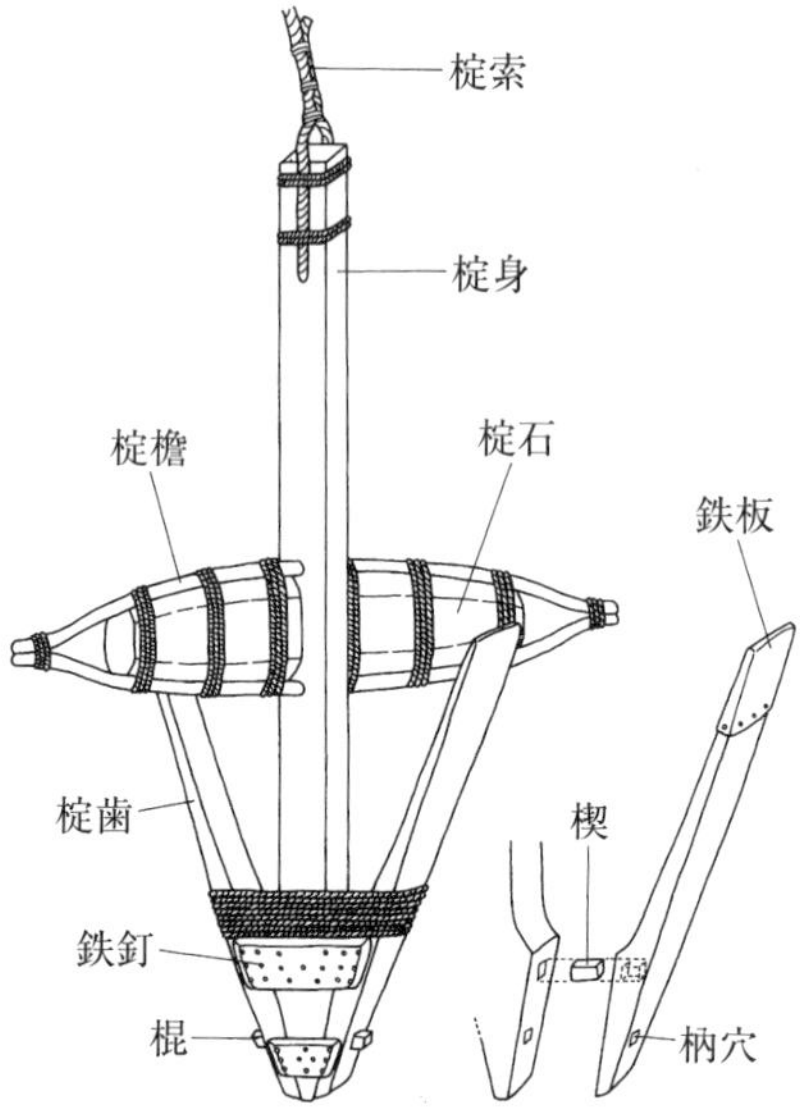

図47　鷹島型碇模式図（山形欣哉作図，鷹島町教育委員会『鷹島海底遺跡Ⅲ』1996）

くなった方形を呈し、歯幅約二〇センチである。ここから次第に幅と厚みを増し、碇身との枝分かれ部分に移行する。碇身との枝別れ部分までの長さは一四〇センチである。この部分の碇歯の幅と厚さはともに約二五センチで、断面が隅丸《すみまる》方形となる。碇歯先端から碇身材の南側先端までの長さはほぼ二〇〇センチを測る。碇身材は現存長一七五センチで、それから先はフナクイムシの蚕食を受けのこっていない（図48）。

ただし、碇身材の南側先端部から碇石までの距離は二一五センチ、さらにその北側で検出された碇身材の一部と思われる部材の現存部北端までは三七〇センチほどである。碇身材と碇石はほぼ直交する状態で検出されており、この検出状態からすれば、海底に打ち込まれていた木製碇が時間を経るなかで、フナクイムシの蚕食をはじめとする木質部の劣化と碇石の重みによって碇身材が折れ、碇石が海底面に落下したと推測される。

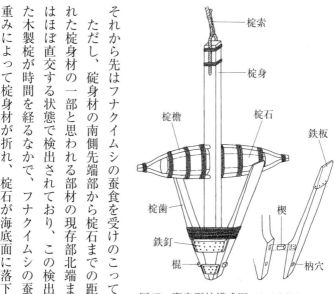

木製椗の検出角度

このことは残存する椗身部材の上端面がほぼ海底面と平行であるのに対して、下端面は海底面に対して約八度の上向きに埋もれていることが参考となる。すなわち椗の使用法から考えてみれば、海上の船舶から投下された椗はこれを投下した船舶に引きずられ、椗歯が海底に深く突き刺さって止まることによって錨の役目を果たす。椗石が椗身部材の示す約八度の角度に沿った深さではなく、それよりも深い位置から検出されていることは椗石が本来の位置ではなく、沈み込んだことを示しているのである。

このような木製椗の鷹島海底遺跡における類例としては、一九九四・九五（平成六・七）年に行われた神崎港離岸堤設置に伴う緊急調査で検出された四門の木製椗がある（図49）。神崎港の場合、検出された椗身材と海底面との角度は一三〜一五度で、本木製椗よりも角度が大きい。なお、現在の鉄製

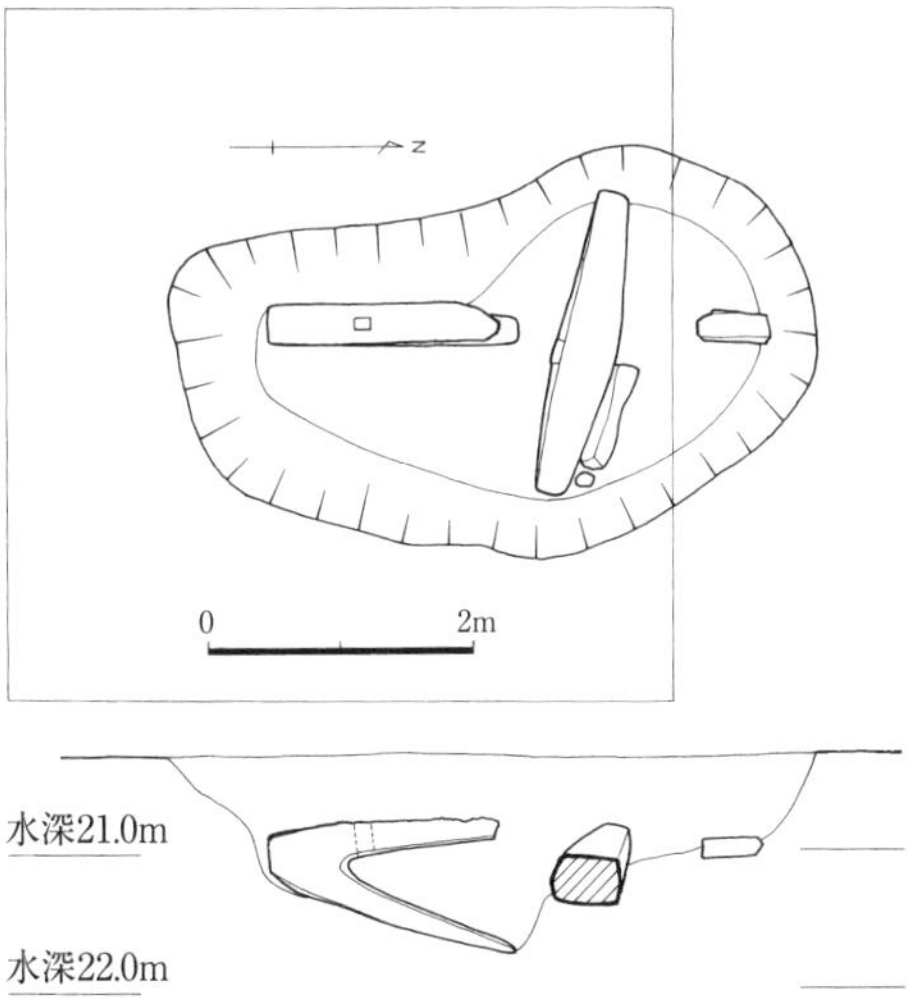

図48　鷹島大型木製椗実測図（池田編『科研費調査研究報告書』第３冊，2016）

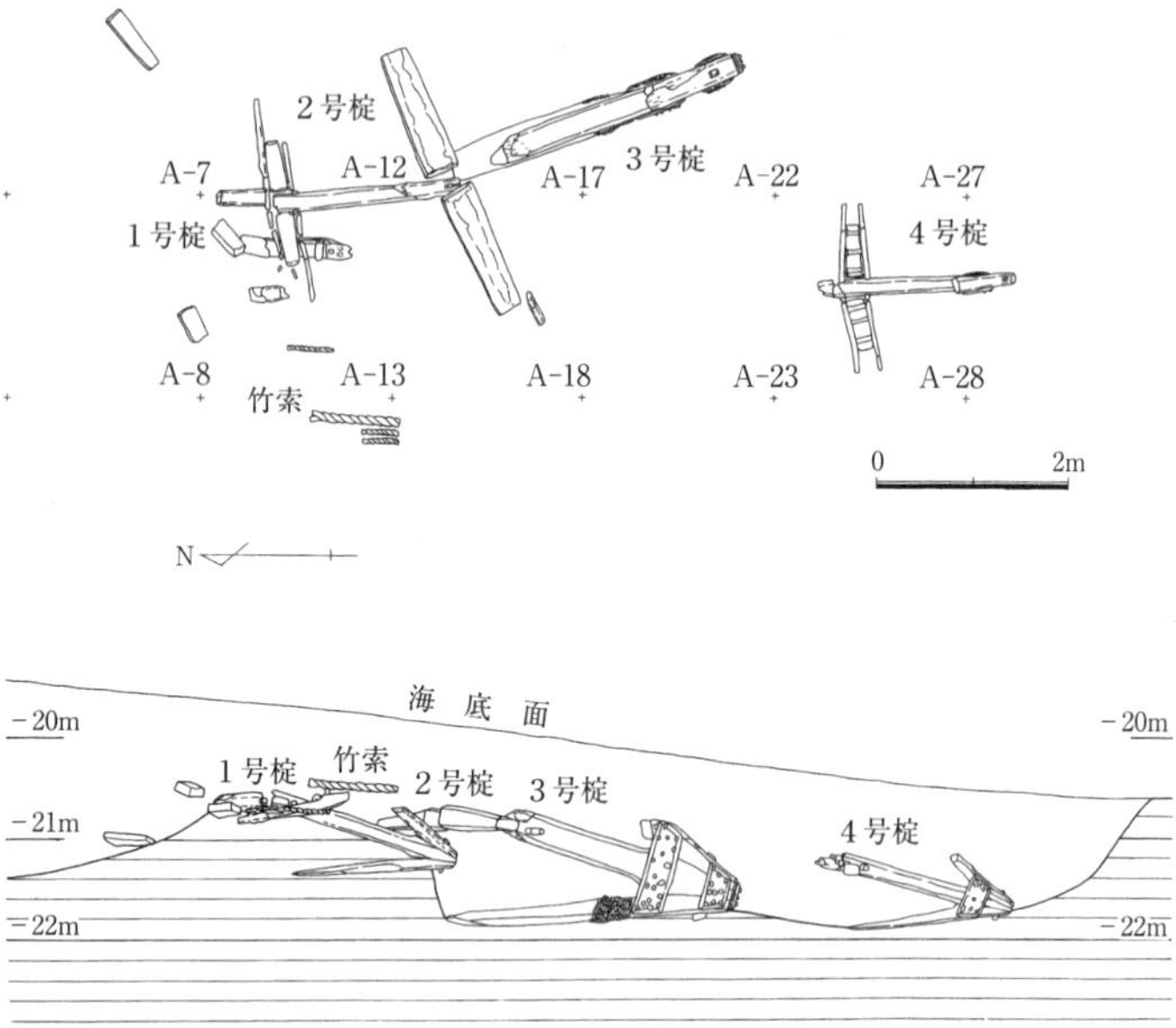

図49　鷹島神崎遺跡木製碇検出状況図（鷹島町教育委員会『鷹島海底遺跡Ⅲ』1996）

錨についての一般的な使用例を参照すれば、海底が砂泥の場合、錨の効果は水深の三倍以上の挽《ひき》綱《つな》の長さが必要であるとされている。これを図化して計算すると、海底面が水平と仮定した場合の挽綱の角度は海底面に対して約一八度となる。このことからすれば、これより低角度である神崎港調査時や今回の調査による木製碇は錨として充分な効果を発揮できる角度を持っていたこととなる。

また、本調査で検出した木製碇の碇身材の現存上端面は現在の海底面とほぼ平行することを前述した。そこで、椗身材について残存する上端面の状態を確認すると、先端部分から四〇センチまでは碇身材で計り出した八度の角度の面があり、そこから海底面と平行となって次第に厚みを減じる。このことは一部にフナクイムシによる蚕食が見られるものの、椗身材の先端から四〇センチほどまではほぼ原状を維持していると考えられる。この場合、椗身材の先端部分の厚みである約三〇センチはこの椗身材の本来の幅を示すこととなる。

椗石の装着方法

この想定に基づいて、椗石について再確認すれば、椗石の長さは二三〇センチで、中央部分の幅が約五〇センチ、厚さ三五センチ、先端部分の幅約二〇センチ、厚さ約一五センチであった。本椗石のように一本造りの場合、椗石を椗身材に取り付けるに際には椗身材に綱（ロープ）で括り付けるか、椗身材に穴を穿《うが》ってここに挿入する、もしくは二本の木材を組み合わせた椗身材をつくり、双方の木材に切り込みを入れてここに椗石を挟み込む手法が考えられる。これまでの検出事例からすれば、二本の木材を組み合わせて椗身とし、椗石を挟み込む方法が多く採用されたと考えられており、本調査で検出した木製椗でも同様の構造が想定される。

そこで、今回検出した椗石は厚さが三五センチであったことと、先ほど検討した椗身材の幅が三〇センチであったことを勘案すれば、この椗石を用いるためには今回検出した椗身材と組み合わせることができる幅三〇センチ以上、厚さ二五センチの大きさを持つもう一本の椗身材が必要となる。そうすれば二本の碇身材を合わせた碇身全体の幅は六〇センチ以上となり、厚さ三五センチの碇石の形状に合わせて、双方の碇身材に碇石の厚さの半分となる一七・五センチの切り込みを入れることで挟み込むことが可能となる。この場合、碇身材の片方の幅が三〇センチとすれば一七・五センチの切り込みを入れた部分の残りの碇身材幅は一二・五センチとなり、強度はかなり低下したことが考えられる。しかし、切り込みの深さを一五センチ以内に押さえたうえで碇石を挟み込んだ部分の上下を綱で巻く、あるいは碇石と碇身材を硬く緊縛するなどの補強を行えば、ある程度の強度強化はできると考えられる。おそらくは実際にもこのような工夫を施した状態で使用したことが推測される。

大型木製碇の類例

この検討に基づき、本調査で検出した木製碇を再確認すれば、碇身材の現存最大長は三七〇センチ、碇歯材長二〇〇センチ、碇石は長さ二三〇センチ、最大幅約五〇センチ、最大厚三五センチであった。これと比較することを目的として、これまでの鷹島海底遺跡における検出事例である神崎港での緊急調査資料を確認すれば、同調査では大・中・小三種の木製碇が検出されていた。これらはいずれも碇身材の一部と海底に打ち込んだ碇歯材、装着していた碇石が残存しており、本調査例の残存状況と近似している。そこで、それぞれの細部について比較すると、大型碇（三号碇）では海底に打ち込まれた碇歯材の最大長三一五センチ、最大幅三七センチ、最大厚約二〇センチであった。これに装着した椗石は分離型につくられ、椗身材の両側に一本ずつ計二本が配されていた。二本の椗石の計測値は長さ一三二センチ、最大幅三七センチ、最大厚二四センチと、長さ一三一センチ、最大幅三七センチ、最大厚二三センチであり、ほぼ相似形をなす。双方の長さを加えると二六三センチとなる。中型椗（七号椗）は椗歯材と椗身材の一部と椗石が確認されており、椗石二石はそれぞれ長さ九〇センチ、最大幅二四・五センチ、最大厚一五センチと、長さ八七・五センチ、最大幅二四・五センチ、最大厚一三センチである。これに対して、小型椗では二例（二・四号椗）が比較的良好に残存しており、前者（二号椗）では椗歯材の最大長一七〇センチ、最大幅二三センチ、最大厚一一センチで、椗石二石はそれぞれ長さ五二・五センチ、最大幅一九センチ、最大厚一〇センチと、長さ五二センチ、最大幅一九センチ、最大厚一〇・五センチである。後者（四号椗）では椗歯材の最大長一七一センチ、最大幅一六センチ、最大厚一六センチで、椗石二石はそれぞれ長さ五二センチ、最大幅一九センチ、最大厚一一センチと、長さ五二・五センチ、最大幅一九センチ、最大厚一〇センチである。前者の椗石の長さは合計で一〇四センチ、後者では一〇四・五センチとなる。

　これらの情報のなかで、椗歯材についてみれば、本調査で検出した木製椗の椗歯長は二〇〇センチに対して、神崎港出土の大型三号椗では三一五センチ、小型の二号椗と四号椗ではそれぞれ一七〇センチと一七一センチであり、明らかに大型三号椗の長さが抜きん出ている。本調査での検出例は神崎港三号椗の三分の二程度となり、小型の二・四号椗に近い。しかし、椗石の長さでは本調査で検出した碇石の長さが二三〇㌢であるのに対して、大型三号碇の合計長は二六三㌢、中型の七号碇では一七七・五㌢、小型の二・四号碇ではそれぞれ一〇四㌢と一〇四・五㌢となり、碇石の大きさからすれば大型三号碇に近いこととなる。海底にあるため計量ができないが、碇石の最大幅や最大厚からすれば、重量も中型の七号碇よりも大型の三号碇に近いと推測される。このことからすれば、本調査で検出した木製碇は神崎港の緊急調査で検出された大型碇と中型碇の中間的な位置付けとなる。

木製碇の目的は船舶を海上に係留することであり、碇石は木製碇を沈め、これに連結された綱（ロープ）によって、船体を海上の現位置に留め置く役割を持つことは言うまでもない。碇歯は木製碇を海底にしっかりと留めるためのフック、碇石はこれを安定させる重石の役割を果たすのである。木製碇の大きさは基本的に船舶の大きさに比例すると考えられることからすれば、本調査で検出した木製碇はこれまで鷹島海底遺跡で確認されていた大・中・小型の三分類ではなく、新たな四種類目の類別を提起する資料と考えた方がよいかもしれない。

大型木製碇に装着された碇石の評価

本調査で検出した碇石は一本造りの碇石である。これに対して、鷹島海底遺跡で発見された碇石は前述したように碇身材の両側に配置して用いる二本一対の分離型碇石であり、鷹島型碇（碇）石と呼ばれてきた（図47）。従来、一本造りの碇石は博多湾周辺で確認された例に基づいて、博多湾型碇（碇）石とされてきた（林一九九四）。これまでの鷹島海底遺跡における調査では博多湾型碇（碇）石の検出例はなく、今回の検出例が初めてとなる。鷹島型碇（碇）石についてはこれまでの出土例から蒙古襲来の際、特別に誂《あつら》えられた碇石と評価されてきた。このこともあり、鷹島海底遺跡で検出される碇石は鷹島型碇（碇）石だけしかないと考えられてきたが、本例の検出によってこの通説は書き換えが必要となった。蒙古襲来の際に調達された元軍船舶には鷹島型碇（碇）石だけではなく、この時期の一般的な碇石である博多湾型碇（碇）石を積み込んだ船舶も存在していたのである。このことは蒙古襲来に用いられた船舶それぞれの来歴に関わることであり、船体構造の分析を含めた今後の検討課題となる。

なお、鷹島型碇（碇）石については、現在のところ、鷹島海底遺跡以外での検出例は知られていない。この点においては鷹島型碇（碇）石が蒙古襲来の際の誂え物であるという評価に変更の必要はない。ただし、鷹島型碇（碇）石が鷹島海底遺跡あるいは蒙古襲来と関係すると考えられる遺跡のみで検出される碇石であると断定するのはまだ早いように思われる。これについては鷹島海底遺跡だけではなく、今後、世界各地の宋・元・明代の船舶と碇石の調査事例を注意深くみつめていくことが必要となろう。

鷹島一号沈没船の調査

鷹島二号沈没船の発見

音波探査反応の解釈

音波探査情報の再検討に基づいて二〇一三（平成二五）年度に行った黒津《くろつ》浦《うら》での突き棒調査成果と、二〇一二年六月に採取した鷹島《たかしま》一号船周辺海底からの土壌サンプルに対する椙原さんの分析の報告は鷹島海底遺跡での海底堆積層の形成過程に関するさまざまな情報をもたらした。

椙原さんは元軍船や蒙古《もうこ》襲来（元寇《げんこう》）関係遺物が海底に沈んだ海域では通常と異なる動きが海底面で起こっており、その動きの痕跡が鷹島一号沈没船発掘範囲の周辺でみられた音波探査反応として捉えられた可能性を提起した。具体的には海底に沈んだ元軍船船体には大型木製碇《いかり》の碇石でみられたように牡蠣《かき》などの着生貝が付着していたと考えられる。しかし、フナクイムシによって元軍船船体木材が蚕食《さんしょく》され尽くすと、着生する対象がなくなった貝類は海底面に落ちて貝殻層を形成する。また、沈んだ元軍船の周辺では潮流による海底面の洗掘《せんくつ》が起こって凹みができ、ここに一定の比重を持った砂や貝殻が集まって砂溜りや貝溜りのような堆積層を形成することがあるという。これらの場合、貝殻層や砂層は元軍船が沈んだ海底面の周辺に広域に広がったり、小規模ではあるものの断続的に点在したりするなど、さまざまな堆積状況を生じる。音波探査ではこうしてできた貝殻層や砂層などを蒙古襲来関係遺物の広がりと誤認した可能性があると指摘したのである。

この理解が正しいとすれば、鷹島一号沈没船の場合には船内に積んでいた磚《せん》（レンガ）や陶磁器の重みでまず船底部が海底堆積層中に潜り込んだ状態となった。その後、フナクイムシによって船体上部が蚕食されてしまったものの、音波探査で船内の積み荷である磚や陶磁器が捕捉されたことが調査を行うきっかけとなり、さらにその下に埋もれた船体の一部を検出することになった。重い積み荷がなければ、海底面に着底した船体はフナクイムシの蚕食で跡形もなくなり、蚕食が進む間に周辺で形成された貝殻層や砂層のみが残ることになっていたと考えられる。このような現象を想定した場合、発掘前に取得していた鷹島一号沈没船の音波探査反応を含めて、音波探査反応の取得方法や内容、反応類型化の考え方についてはやはり再検討する必要が生じるのである。

海底地形情報の検討

一方で、鷹島一号沈没船とその沈没位置を含む黒津浦での音波探査情報は蒙古襲来関係遺物が鷹島南岸海底に形成された谷地形の場所に多く埋もれている可能性も明らかにした。透明度が低いため、海面上から海底面を直接見ることはできないが、鷹島南海岸沖合の海底には鷹島から南東方向あるいは南方向に向けて複数の谷が延びており、これがそのまま鷹島南海岸線に見られる陸上の谷地形につながっている。これまで多くの蒙古襲来関係遺物が検出された神崎《こうざき》港は南東方向に伸びる大きな海底の谷から北側へ別れた支谷の一つに当たっており、鷹島一号沈没船が見つかった黒津浦は南東方向から南に延びる谷の奥まった位置にあたる。なお、神崎港で検出した四門の木製椗と黒津浦で調査した一門の木製椗はいずれも先端を南に向けており、海底地形からすれば谷が深くなる水深二〇～二五メートル前後の海底に木製椗を打ち、谷が浅くなる鷹島の陸側に向けて船体を停泊させていたこととなる。沈没に至った際の暴風雨の風向きにも関係すると推測されるが、遭難時の元軍船は鷹島から南あるいは南東に伸びる海底谷の沖合側に木製椗を打って停泊しており、遭難した船体はこの海底谷に嵌《は》まり込むように沈んだと考えられるのである。

このことからすれば、鷹島海底遺跡において、元軍船をはじめとする蒙古襲来関係遺物を探すためには海底地形図を分析し、南側もしくは南東側に開いた海底谷の谷筋に沿いな

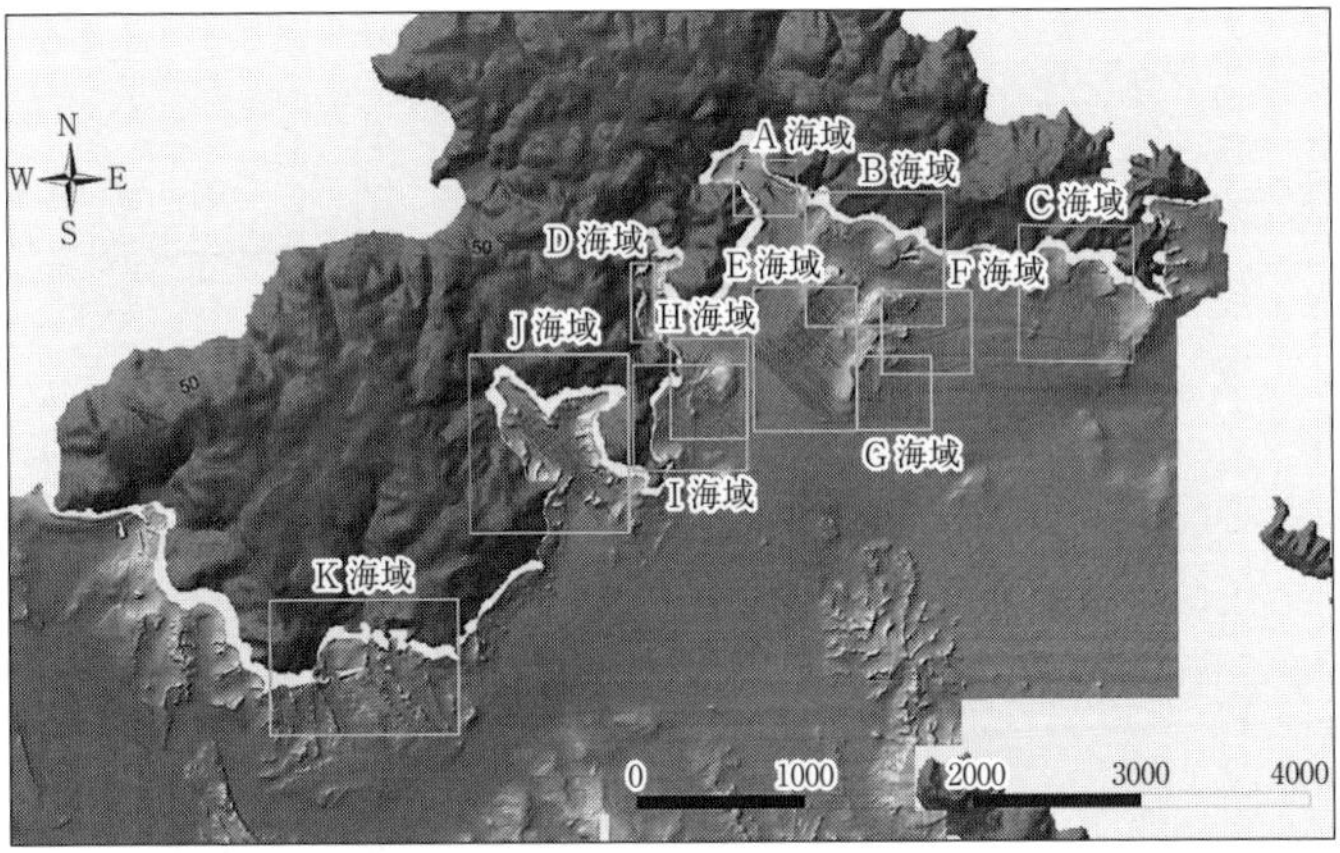

図50　2014年度海底調査対象 A ～ K 海域（池田編『科学研究費調査研究報告書』第２冊，2015）

がら音波探査を行い、海底面下にみられる反応のなかから鷹島一号沈没船と類似する反応を選び、突き棒調査やその後の試掘調査を実施することがより効果的であることになる。

二〇一四年度の調査

前述した検討を踏まえて、二〇一四（平成二六）年六月に鷹島南海岸沖合の海域について、これまでの音波探査で作成していた海底地形図を参考にしながらA～Kの一一小海域を設けた新たな音波探査を実施することとした（図50）。小海域は海底地形にあわせて一辺三〇〇メートルから一キロほどで設定し、これまで南北方向もしくは東西方向に限って航行していた借り上げ調査船を海底地形にみられる谷の開く方向に沿って走るように変更した。また、航行速度はできる限り低速度の二～三ノット（一ノットは時速一・八五二キロ）とし、航行間隔は基本的に一〇メートルをとり、一部二メートルとした。周波数についても海底地層情報取得に用いるSES2000で選択が可能な八・一〇・一二・一五キロヘルツを使い分け、同一海域から複数の周波数による海底地層情報の取得を試みることにした。

その結果、各調査海域ではそれぞれに複数の注意を要する反応地点が得られた。そこで、このなかから九地点を選び、同年九月二〇日～一〇月二日にかけて突き棒調査による確認を行った。突き棒調査の対象とした九地点は先に設定した小海域のなかのC海域（国史跡鷹島神崎遺跡の指定範囲の東側）の三地点、E海域（国史跡鷹島神崎遺跡の指定範囲の西端部の南側）の四地点、J海域（鷹島西南部浦下浦《うらじもうら》一帯）の二地点である。いずれも国史跡となった鷹島神崎遺跡の指定範囲外に位置する。音波探査の際には鷹島神崎遺跡指定地域内の一部についても探査範囲に入れていたが、突き棒調査の対象からは除外した。これは国史跡指定範囲の保存管理や活用については今後、遺跡の管理主体となった松浦《まつうら》市が担うことを念頭においての措置である。

九地点は水深一〇～三〇メートルの範囲にあり、いずれも海底面下約一メートル前後の位置に反応がみられる。反応の長さは五メートル以上で一〇～一五メートルが多い。突き棒調査では九地点のなかのC－2地点とJ－1地点で木材の手応えがあり、なかでもC－2地点は木材だけでなく石材の手応えが得られた。その他の地点では貝殻層や硬い砂層などの手応えがあり、楮原さんが想定した海底堆積層形成過程の理解に沿う反応が得られた。この成果を受け、C－2地点については引き続き試掘調査を実施することにした。なお、滝野さんの鷹島一号沈没船周辺での音波探査情報の再検討に基づく新たなA～K海域での音波探査の成果と、楮原さんによる海底堆積層の分析と考察については、柳田さんの鷹島一号沈没船周辺での環境調査結果とともに二〇一五年三月に報告書を刊行した（池田編『科研費研究報告書』第二冊、二〇一五）。

C－2地点の突き棒調査では音波探査装置を用いて測位した海底の基準点を中心として、北に五㍍、南に六㍍の基準線を設けたうえで、東西それぞれ五㍍の範囲、計一一〇平方㍍について一㍍おきの突き棒調査を実施した。その結果、初めに鋼管《こうかん》を打った基準点の南側で木材や石材の反応が得られたことから、基準線をさらに南へ一一㍍延長し、東西それぞれ五㍍の範囲、計一一〇平方㍍について一㍍おきの突き棒調査を追加実施した。追加調査区では延長した一一㍍の基準線に沿ってやはり木材や石材らしき手応えが得られたため、C－2地点では試掘調査を実施することになった。

試掘調査の経過

試掘調査を開始したC－2地点では、最初に設定した基準点の周辺と南に延長した調査区の北側部分（基準点から南へ五～一〇㍍の周辺）の

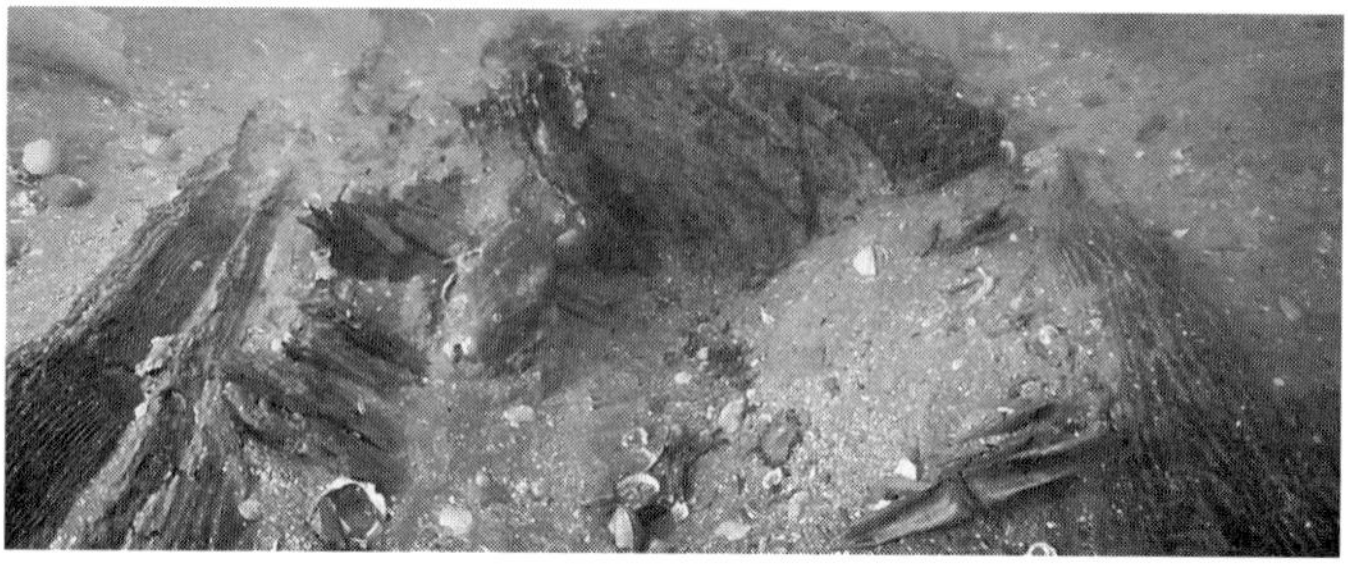

図51　鷹島２号沈没船南側船首（町村剛作成）

二ヵ所に試掘範囲を絞った。掘り下げ前に突き棒調査の際の基準線に沿って五メートルおきに鋼管を打って調査基準とし、水中ドレッジを用いて掘り下げを進めた。その過程で突き棒調査によって木材反応があった基準点より五メートル南側の地点で南北方向に並んだ船体の外板《がいはん》と思われる木材が姿を見せ始めた。そこで、その広がりを確認するため、幅一メートルの範囲で東西方向に向けてトレンチ状に掘り下げを進めたところ、大量の石材が集中する部分があり、その下に船体の構造を示す状態の外板と船底と考えられる木材が現れた（図51）。また、初めに鋼管を打った基準点の西側でも船舶の外板と隔壁《かくへき》と思われる板材の一部が確認され、両者は一艘の沈没船の一部であることが確実となった。しかし、掘り下げ部分からは蒙古襲来に関連する遺物はまったく検出できず、本沈没船が元軍船であることを確認できないうちに調査期間が終了してしまった。

　このため、本沈没船についてはとりあえず「鷹島二号沈没船」と呼ぶこととし、これが元軍船であることの確認や船体

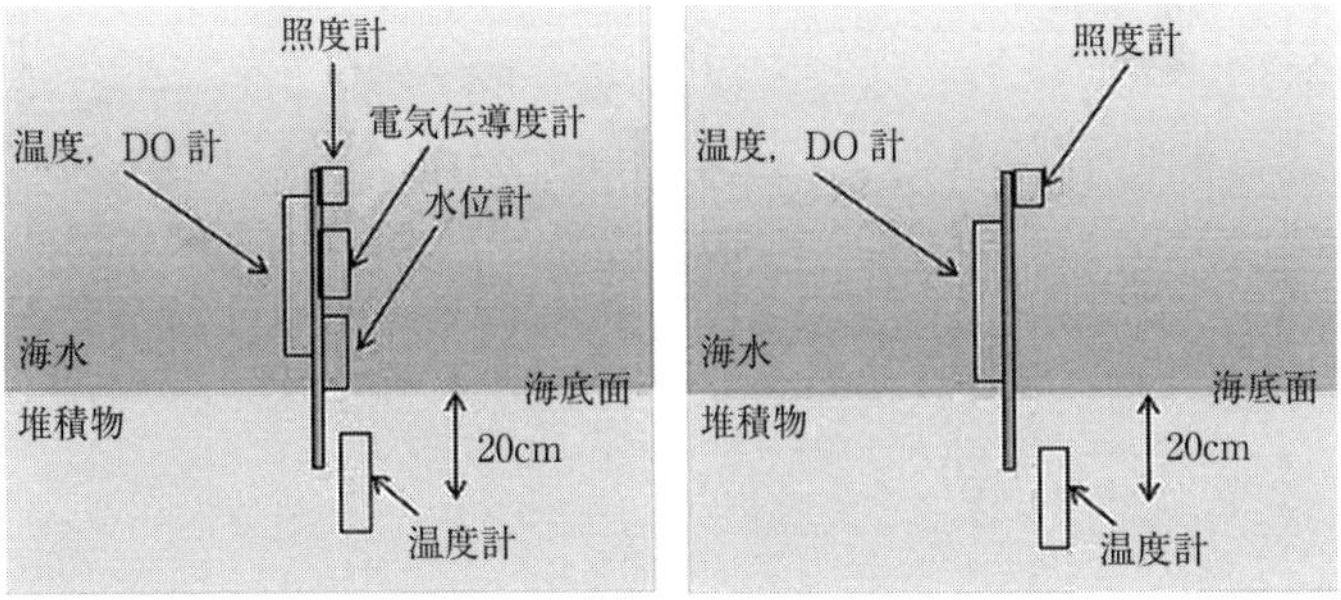

1号沈没船　　2号沈没船

図52　海底環境モニタリング機器設定状況（池田編『科学研究費調査研究報告書』第2冊，2015）

の規模、構造の解明については、次年度以降の課題に残すこととした。調査終了には検出した木材と石材に銅網を被せ、その上と周辺を砂嚢《さのう》袋で覆って海底での船体保全策を施した。さらに調査区に打ち込んだ鋼管の一本に鷹島一号沈没船と同様の水中温度計、酸素濃度計、塩分濃度計、照度計などのモニタリング機器を設定し、海底環境についての経過観察を行うことにした（図52）。

二〇一五年度の調査

二〇一五（平成二七）年度は科学研究費補助金採択期間の最終年度のため、本来の計画ではそれまで進めてきた四年間の調査研究のまとめを行う予定であった。しかしながら、前年度に掘り残した沈没船が元軍船であることと、また規模や構造を確認するには本格的な発掘作業が必要であったことから、鷹島海底遺跡を管轄する松浦市教育委員会と協議し、もう一度発掘調査を計画することにした。

その結果、沈没船の分布範囲確認調査（六月一一～一九日）は私たちの研究チーム、その後の沈没船詳細確認調査（六月二二日～七月二日）については松浦市教育委員会がそれぞれ分担して実施することにした。また、松浦市教育委員会では発掘調査に並行して、沈没船を確認したC海域について改めて詳細音波探査を実施することになった。

調査の内容

先行して開始した分布範囲確認調査では船体の全容を把握するため、前年度に確認していた外板および隔壁の検出位置を踏まえながら、突き棒調査の基準点を中心として南側に五メートル四方の調査区を四区画設定した。掘り下げには前年度と同様に水中ドレッジを用いたが、船体周辺の堆積層は硬くしまった砂質層であり、調査区の全面にわたって均等に掘り下げることができなかった（図53）。そこで、分布範囲確認調査では船体の広がりに沿った周辺のみを掘り下げることにした。詳細確認調査では船体の残存状況を確認し、検出状況の図化と映像記録の撮影を行った。この際、検出状況の図化作業には私一人の作業を見かねて宮武正登佐賀大学教授が協力を申し出てくれ、一〇〇万の味方を得た思いであった。映像記録については静止画像と動画の撮影を行い、さらに三次元映像を作成することを前提とした静止画撮影を行った。

船体の確認では船底の構造把握を念頭に置いて掘り下げを進めたが、船内に積み込まれ

図53　鷹島２号沈没船掘り下げ

ていた大型の石材が予想以上に大量であり、これを取り上げてその下を掘り下げる時間的余裕がなくなったことや、これを除去した場合の船体の保全、特に船内に設けられた隔壁の現位置での保全が危ぶまれた。そこで船体内堆積土の除去を断念し、残存する船体の外周となる外板の位置を確認するに止めた。掘り下げの過程で船内から一三世紀代に位置付けられる中国陶磁器片が数点見つかったほか、船外の掘り下げ土中から同時期の中国産褐釉壺《かつゆうこ》と白磁《はくじ》碗《わん》が出土し、本船が元軍船であることを確認することができた。

船体の海底保存手法

調査終了後、船体木材の周辺に砂嚢袋を積んで五〇チセン《チセン》以上の厚さになるように覆い、その上に松浦市に工場を持つ中興化成工業株式会社が自動車のエアバックやドーム形野球場の天井シート用に製作しているシリコン樹脂塗付のナイロン織物シートを被せ、さらに砂嚢袋の重石で押さえて、現地での保存を図った。この方法は鷹島一号沈没船や前年度の試掘調査後に鷹島二号沈没船で採用した銅網で覆う手法とは異なる。この手法を採用したのは鷹島一号沈没船で続けている海底環境モニタリング調査の結果と、これまで研究交流を行ってきたヨーロッパやオーストラリアの研究者から銅網による海底保存手法に対する疑念の提示があったことによる。

銅網による海底での船体保存手法は海底に持ち込んだ銅は海水と反応し、銅イオンを発生する原理を利用している。銅イオンは木材を蚕食するフナクイムシが嫌うとされており、これを経験的に学習した人々は海船を銅板で覆ったり、船釘として銅釘を用いたりしてきた。北海道江差《えさし》港に沈んだ開陽丸《かいようまる》ではこの知見に基づいて、海底保存手法の実験を行ったうえで船体木材を銅網で覆う保存手法を採用したことはすでに述べた。しかし、ヨーロッパやオーストラリアの研究者は海底での船体木材保存にはフナクイムシの生息を阻止する無酸素状態をつくり出すことが重要であると考えており、その方法として砂と酸素不透過シートを用いて船体を覆う手法を採用している。この情報を尊重し、鷹島二号沈没船についてはヨーロッパやオーストラリアで試みている手法を参考にし、地元企業の製品を活用した新たな海底での保存手法を試みたのである。ただし、この海底保存手法は技術的に確立しているわけではないため、経過観察を継続的に行う必要がある。

海底モニタリングの開始

そこで、この保存手法の施工の際には二〇一四（平成二六）年度から私たちの研究チームに加わった柳田さんが作成した海底保全状況モニタリング調査キットを鷹島二号沈没船のそばに埋置することにした。海底保全状況モニタリング調査キットは直径一五センチの塩化ビニール管を長さ一一五センチと一〇〇センチに切り、これに三センチ角、厚さ三ミリに切り揃えた鉄板、銅板、木板の三種の試料をそれぞれ単体の場合と鉄板＋木板、銅板＋木板の組み合わせにする場合の五種類につくり分けて取り付ける仕様になっている（図54）。長さ一一五センチのビニール管は調査区脇の発掘による掘り下げを行っていない海底面に打ち込み、上部一五センチを海底面から露出させて、ここに先述した五種の鉄板、銅板、木板の組み合わせ試材を取り付けた。また、この五種の試材は打ち込んだビニール管の海底面からマイナス一・五、二〇、六〇、一〇〇センチの位置にも同様に取り付けてある。長さ一〇〇センチのビニール管には上部からマイナス一・五、二〇、六〇、一〇〇センチの位置にやはり先ほどの五種の組み合わせ試料を取り付け、ビニール管のなかに粘土を充填したものと空洞のままのもの各一本を用意して、掘り下げた調査区内に

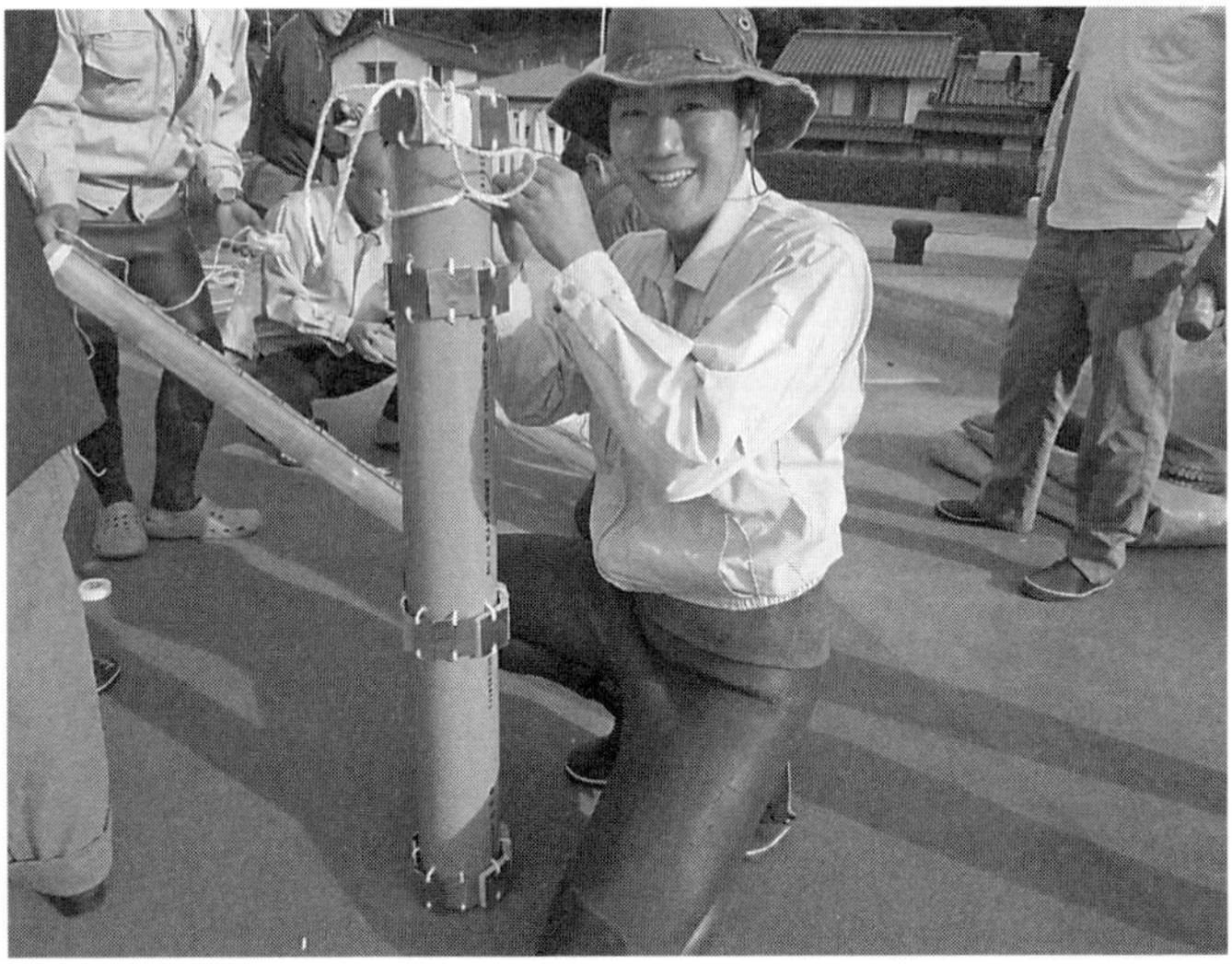

図54　海底環境調査キット（作業ダイバーの福寿健太郎さん）

置き、砂嚢袋で完全に覆った状態で埋置した。モニタリング調査キットを海底堆積層内に打ち込んだ場合と砂嚢袋によって埋め戻した場合の木板や金属板の劣化状況の違い、および埋めた深さによる木板や金属板の保全状況の違いを調査することにしたのである。

また、一〇月には鷹島一号沈没船と二号沈没船の周辺に設置した環境調査機器の計測データ記憶媒体更新に際して、マツ科とアカガシ科の二種の木材を取り付けた柳田さん製作の新たなモニタリング調査キットを再び鷹島二号沈没船の調査区内に設置した。このモニタリング調査キットは二・五チセン角、厚さ三ミリの木材片を長さ一一五チセンのアクリル板に取り付け、発掘で掘り下げた調査区の床面に置き、砂嚢袋を用いて上部一五チセンのみを露出した状態にして埋める仕様につくられている。アクリル板には海底面から露出した部分と、砂嚢袋で埋置した部分の上からマイナス一・五、二〇、六〇、一〇〇チセンの位置に木材片が取り付けられ、埋置深度による木材保全状況を調査することになっている。また、同じ構造のものを六セット作って埋めてあり、今後の経年変化をみながら適宜一セットずつを引き揚げて、最長で五〜一〇年をめどに木材種と埋置深度による保全（劣化）状況の変化の観察を行うことになっている。

鷹島二号沈没船の構造と遺物

船体の検出状況

鷹島二号沈没船の検出位置は鷹島南海岸から海底に向かって延びる尾根筋に挟まれた海底の谷間である。海岸線までは約二〇〇メートル、水深一三〜一五メートルの位置にあり、海底地形のうえではほぼ南北方向に形成された谷斜面に埋もれている。音波探査による反応が南北方向に延びていたことから、掘り下げの際にも南北方向を意識していたところ、船体はやはり南北方向に埋もれて見つかった。船首部が南側、船尾が北側に向いている（図55）。

船首部分は外板を船首竜骨《りゅうこつ》に向けて狭めて仕上げた構造が確認できるが、船首の竜骨材は残っていない。船首から北側に向かって次第に船体の幅が広がり、残存する船首部材の先端から五メートルほど北側では幅約三メートルとなる。船体残存部幅は船首部材の先端から九メートルで

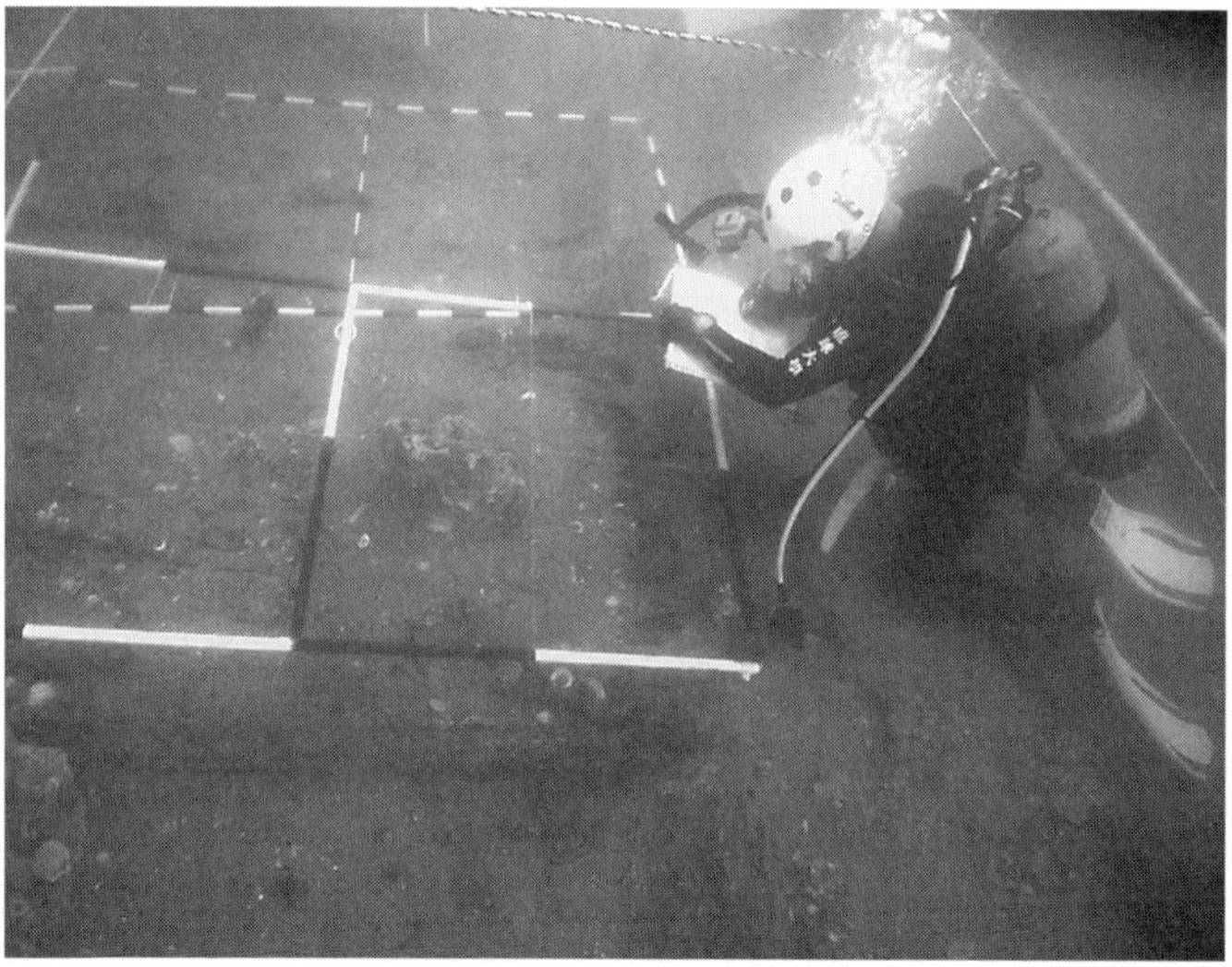

図55　鷹島２号沈没船実測風景

最大の三・二メートルとなり、一〇メートルほどまでは残存部幅三メートルが続く。そこから次第に狭まり、先端から約一二メートルの位置までは船体の外板や隔壁などの木組み構造が確認できる。その北側でも木材が多く検出されるが、明確に鷹島二号沈没船の部材と判断できる状況ではない。海底での木材分布状況を観察する限りでは船体のどの位置の部材となるのかが判然としない。南北方向を示す鷹島二号沈没船の残存部材の向きとは異なる方向で揃っているようにも見え、鷹島二号沈没船の下に別の沈没船が存在する可能性も考えられる。

船体の構造

船体は右舷、左舷の外板材と船内を仕切る隔

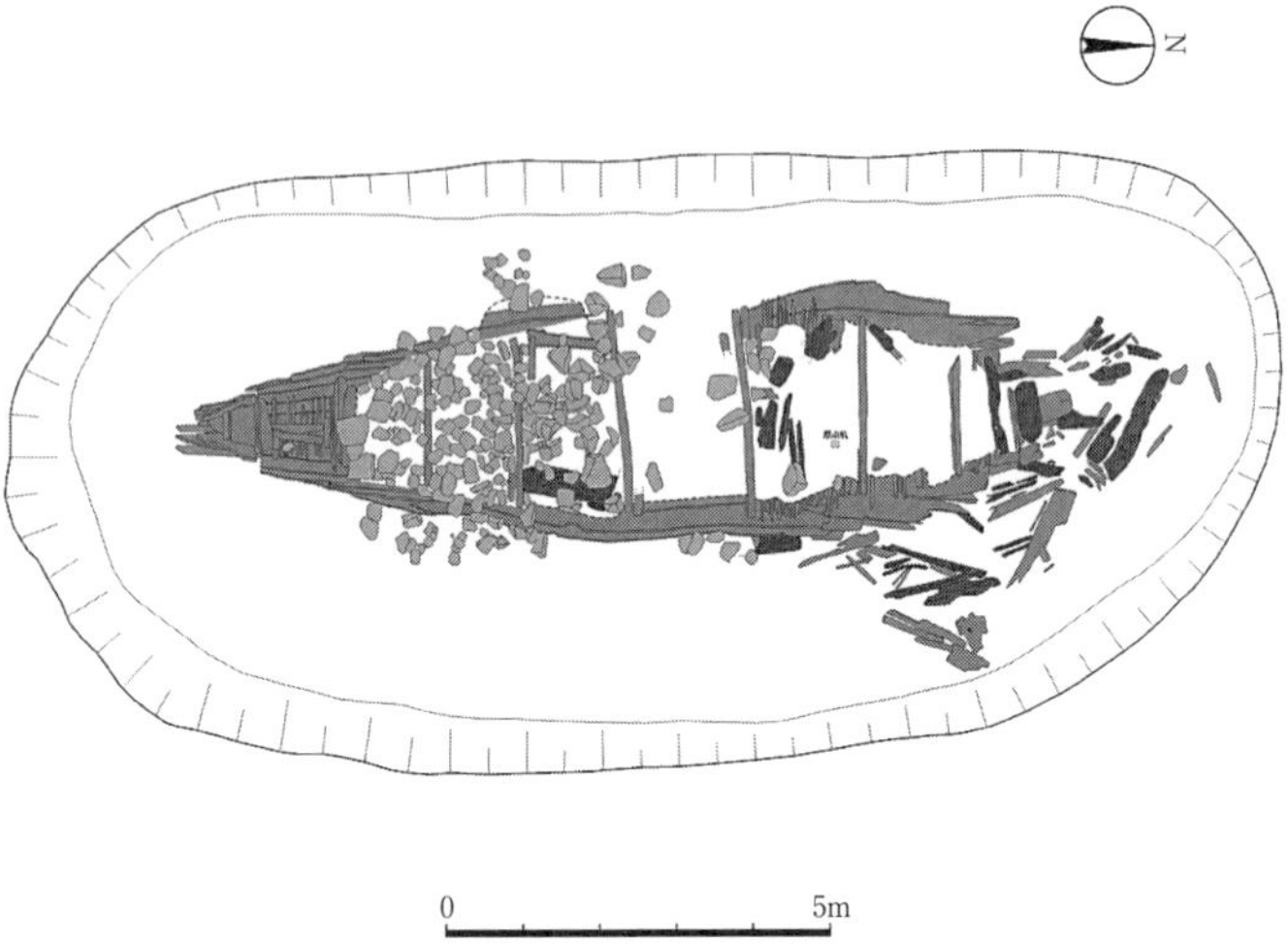

図56　鷹島２号船実測図（池田編『科研費調査研究報告書』第３冊，2016）

壁材が本来の船体構造を保った状態で残る。隔壁は九ヵ所で確認でき、これによって仕切られた部屋八区画（韓国新安《シナン》船では「艙《ソウ》」としていたことは鷹島一号沈没船の説明でも指摘した）が明瞭に確認される（図56）。隔壁で仕切られた部屋の奥行きは船首および船尾部分を除き、南側から約八五、一〇〇、一〇五、一四〇、一五〇、一四五、一一〇、七〇チセンを測る。船首部分の部屋を第一室とすれば、上記の部屋は第二室から第九室となり、構造が不明瞭となる船尾部分の部屋を第一〇室と仮称することができる。

　この仮称によれば、第六室の奥行きが最大の一五〇チセンとなり、その前後の第七室が一四五チセン、第五室が一四〇チセンと少し狭くなる。さらにその前後の第八室一一〇センチ、第四室一〇五センチ、第三室一〇〇センチ、第二室八五センチ、第九室七〇センチの順に奥行きが短くなっている。第九室と第一〇室の間に設けられた隔壁の北側には次の隔壁材が見当たらないことからすれば、第一〇室の先に船尾部分の造作は施されていなかったと考えられる。

　調査では初めに船首部分の構造に関する情報の収集を念頭において、第一室と第二室の船室内部を掘り下げた。しかし、船室内堆積土を除去すると、船内壁面や床面に配されていた木材が遊離してバラバラになる可能性があったことから、船室内床面に近い部分の堆積土についてはあえて除去しなかった。また、船首竜骨がなくなっている船首部分については、その構造を観察するため、船外部分の一部を掘り下げ、外板の木組みを確認した。その結果、船首部分の外板は下部板材の上端に上部板材の下端を重ね、釘留めしながら積み上げる手法をとっており、内底側には内壁となる板材を外板の内側に配置した二枚重ねの構造となっていることが確認された（図57）。

　第三・四・五室は船底に積んだバラスト材と考えられる大きさが二〇～六〇センチの不定形石材で満たされていたことから、これを取り除いて内底部を確認する作業は行っていない。石材は第三～五室の船外まで広がっていることからすれば、第三～五室内に置かれていたバラスト材が船体の腐食に伴って船外にこぼれ落ちたと考えられる。

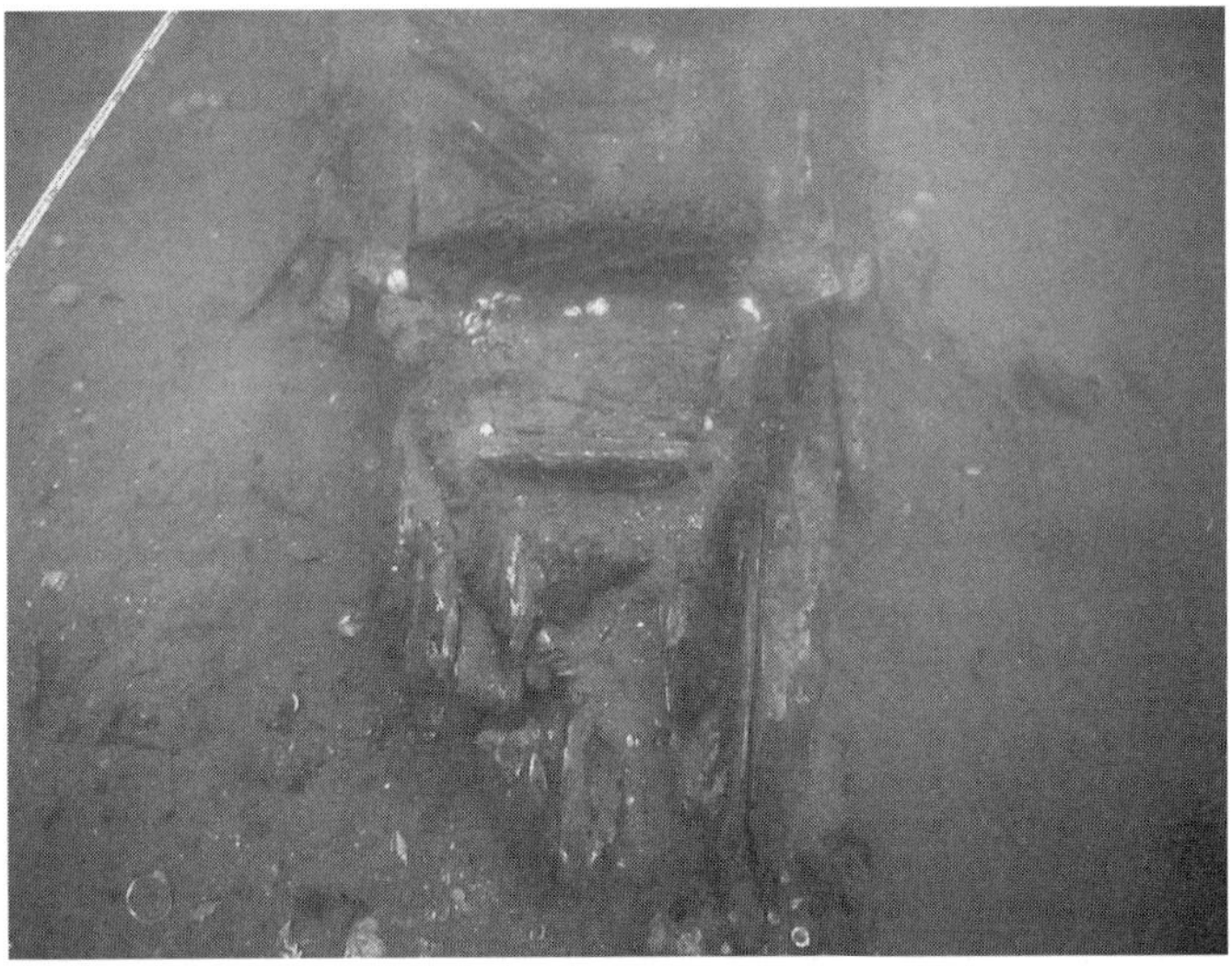

図57　鷹島２号沈没船調査・船首（南正面から）

第六・七・八室については隔壁材が外板材の内底面から遊離していることから、船内堆積土の掘り下げを行えば支えをなくし、現位置から動いてしまうことが推測された。このため、隔壁材と外板材の上端を確認した状態で掘り下げを留めている。最も奥行きが長かった第六室の船首側隔壁の残存部上端幅は二五〇チセン、船尾側隔壁の残存部上端幅は二六〇チセンである。第九室と第一〇室との間には直径二五～三〇チセン、幅約八〇チセンの丸太状木材があり、これを両室の間の区切りとした。しかし、この丸太材の中央部分には摩耗による凹みが見られ、あるいは船尾部分に配置された帆柱の基底部木材とも考えられる。帆柱の基底部とすれば、外側もしくは内側に隔壁が配されるのが一般的であるが、現況では隔壁となる板材が検出できない。丸太材が現位置を移動していることも考えられるため、ここではとりあえず第九室と第一〇室を区画する目安とする。

この丸太材の下に、船の主軸方向に沿った板材二枚が重なって検出され、船底を構成する外板材と考えられる。しかし、丸太材の下に潜り込んでいる状態を上面で観察したのみで、それより下部の掘り下げを行っていない。船体の下部には基底部をなす竜骨がなければならないが、現状では第一〇室とした部分で確認した板材二枚の下に竜骨材を確認することができなかった。もう少し掘り下げれば竜骨を検出した可能性もあるが、これについては今後の課題である。

隔壁材は厚さ九～一五㌢の板材を用い、船底部に向かって逆台形状に狭まる（図58）。隔壁に使用した板材の枚数については船内の掘り下げをほとんど行っていないため確認できない。隔壁材に打ち付けた外板材は厚さほぼ五㌢程度、幅二〇～五〇㌢の板材を用いている。ただし、長さについては外板材一枚の形状を明確に観察できるところがなかったため不詳である。これまでの鷹島海底遺跡調査で検出した船材には厚さ三～一八㌢の間で約三㌢を単位とした使い分けがみられることからすれば、鷹島二号沈没船ではこのなかの厚さ六㌢に近い木材を主に使用していることとなる（池田編『科研費調査研究報告書』第三冊、

図58　鷹島２号沈没船隔壁内の構造（船首から１つめ）

二〇一二）。

出土遺物　鷹島二号沈没船の遺物には第五室のバラスト材の下から出土した完形の天目碗《てんもくわん》、第一〇室とした船体北端部の外板木材の下から出土した錫《すず》製筒形製品、周辺の掘り下げ作業中に出土した完形の白磁碗と褐釉壺などがあり、これらについては参考のため引き揚げを行った。特に錫製筒形製品（図59）については、堆積層中に埋れていた状態から海底面に露出させると保全環境が変わる恐れがあることから、引き揚げたうえで素材の分析とこれに基づく保存処理を施すこととした。

陶磁器類はすべて中国産である。天

目碗（図60）は完形品であるが焼き歪《ゆが》みがあり、口径一〇・七㌢、器高は四・四〜五・一㌢で、高台《こうだい》を水平に据え置くと口縁部が斜めになる。内底見込みの茶溜りに切れがあるものの、実際に使用には差し支えなかったと考えられる。白磁碗（図61）は口径一七・五㌢、器高六・四㌢を計る。垂直に削り出した高台から胴部が大きく開き、途中からやや内弯《ないわん》気味となり、口縁部は外反《がいはん》気味に仕上げる。高台内の削りは粗く、蛇の目状に削り、中央部分が接地する。高台畳付《たたみつき》および突出した底部は使用による摩耗が顕著にみられる。褐釉壺（図62）は器高二〇・九㌢、口径一〇・〇㌢、底径七・九㌢の製品である。底部外面に四

図59　鷹島２号沈没船錫製筒形製品

図60　鷹島２号沈没船天目碗

図61　鷹島２号沈没船白磁碗

図62　鷹島２号沈没船褐釉壺

ヵ所の凹みがあり、釉薬をかける際の持ち手の指痕と考えられる。

このほかに磚、青磁坏《せいじはい》、白磁碗、陶器壺などの破片も出土したが、基本的に現地に留めてある。これらの遺物はこれまで鷹島海底遺跡の調査で検出されてきた蒙古襲来関係遺物に類例がみられることは言うまでもない。

鷹島一号沈没船と二号沈没船の比較

隔壁材と外板材の組み合わせが良好に観察される鷹島二号沈没船の構造は基本的に鷹島一号沈没船に類似する。ただし、鷹島一号沈没船の場合、竜骨材と外板材は残っているものの隔壁材は外板材に接した一部が残るのみであり、船首、船尾の部材もほとんどがなくなっていた。これに対して、二号沈没船では隔壁と外板の船底に近い部分が木組み構造をよく残した状態で残存している点に特徴がある。ただし、二号沈没船では船室内部を完全に掘り下げていないため、船底の基礎をなす竜骨と船室内床面に設けられたさまざまな施設の配置や構造については明らかにできていない。

また、一号沈没船と二号沈没船では船体に用いた木材の厚さや隔壁間の奥行きに若干の

図63　中国広東省南海１号沈没船博物館水晶宮

相違がみられ、一号沈没船に比べて二号沈没船がやや小型になると考えられる。これは残存する船体長約一二メートルの範囲内で船体の基礎部分をなす竜骨が確認できないことによっても首肯される。一号沈没船では竜骨の復元長が最短でも一三・五メートルと推定されているのに対して、二号沈没船の竜骨は現存する船体長一二メートルの内に納まる可能性が高い。仮に二号沈没船の竜骨長を一〇メートルとした場合、復元船体長は二〇メートル前後となり、一号沈没船に比べてやはり小型となる。

いずれにせよ、二号沈没船が検出されたことによって、一号沈没船との比較検討が可能となったことは大きな進展である。これによって中国泉州《せんしゅう》船や広東省南海一号船（図63）、韓国新安船など、海外を含めた同時期の船舶調査例との船体構造や建造技術についての比較検討が大きく展開することは言うまでもない。また、今後の鷹島海底遺跡での継続的な調査によって新たな沈没船の検出事例が増加すれば、一・二号沈没船とあわせた蒙古襲来に用いられた元軍船についてい、さらには当該時期の船舶船体に関して、得られるさまざまな情報が飛躍的に増加すると考えられる。このことは鷹島海底遺跡における元軍船に対する調査研究を今後も積極的に進めることが東アジアにおける船舶史研究の深化を図るための最重要課題であることを示しているのである。

新たな研究ステージへ――エピローグ

鷹島二号沈没船俯瞰画像の作成

鷹島《たかしま》二号沈没船の調査の際、参加した作業ダイバーの一人である町村剛さんが沈没船確認状況の俯瞰《ふかん》画像の作成を提案した。町村さんは作業ダイバーとして優れているだけでなく、水中での動画および静止画像撮影に関する技術と経験を持っており、なかなか俯瞰画像の撮影ができない鷹島の沈没船映像撮影について、これをなんとかする方法を考えていたのである。町村さんの提案は検出した沈没船について細かく区分した画像をデジタルカメラで撮影し、これをコンピューターで合成して俯瞰画像を作成するという手法であった。近年、このような映像技術が急速な勢いで発達しており、私たちの研究チームでもその導入について検討を始めていたところであった。そこで、二〇一五（平成二七）年度の鷹島二号沈没船の調査では町村さんの提案に基づいた映像の撮影を行うことにした。

町村さんは鷹島二号沈没船の確認状況にあわせた足場を組み、南側に向いた船首部分から北側の船尾部分まで、船体の確認状況を小割にした静止画像撮影を行った。この撮影では細かく区分した画像を連続して撮影しなければならない。当然、撮影現場では海底面近くを浮遊する浮泥が写り込まないようにするため、発掘に用いた水中ドレッジや水中スクーターを用いて浮泥を取り除く作業を根気よく続けることが必要となる。さらに撮影中の海底では一定の光量を確保することが必要であり、できれば太陽光線が安定して海底が明るくなる晴れの日中に撮影したい。しかし、浮泥は潮の満ち干によって流れる方向や速さが変わり、天候は晴れの日ばかりが続くとは限らない。特に鷹島二号沈没船の調査を行った六月は梅雨の季節で天候は安定せず、映像撮影をする町村さんにとってストレスの溜まる日々が続いた。

また、撮影した画像は数千枚に及び、これを持ち帰ってコンピューターで合成する作業は画像の明るさや細部の重なりの調整などに膨大な時間を要する。町村さんは仕事の合間を縫ってこれに取り組み、俯瞰画像をつくり上げたのである。この画像は町村さんから私たちの研究チームと松浦《まつうら》市教育委員会に提供され、鷹島海底遺跡および鷹島二号沈没船を理解するための重要な資料となった。そこで、町村さんと私たちの研究チーム、松浦市教育委員会および調査の実施に携わった国富株式会社長崎営業所では町村さんが作成した俯瞰画像について、使用に関する覚書を取り交わして有効利用を図ることにした（図64）。

その一環として九州国立博物館が二〇一七（平成二九）年夏に開催した特別展「水の中からよみがえる歴史―水中考古学最前線―」では町村さん作成の鷹島二号沈没船の俯瞰画像が展示に用いられ、画像をもとにした船首部分の実物大模型がつくられた。また、この俯瞰画像は同年に文化庁が企画した「発掘された日本列島二〇一七」展の展示図録にも採録された。さらに、松浦市教育委員会では発掘調査概報に俯瞰画像を採録するとともに、二〇一七年度事業ではこれをもとにした鷹島二号沈没船発掘状況の三次元復元模型（一二

図64　鷹島２号沈没船俯瞰画像
（町村剛作成，池田編『科研費調査研究報告書』第３冊，2016）

分の二）を作成し、鷹島埋蔵文化財センターに展示している。

研究成果報告講演会の開催

私たちの研究チームに対する科学研究費補助金は二〇一六（平成二八）年三月末に五年間の採択期間が終了することになっていた。そこで、採択期間終了を前にこれまでの調査成果を知ってもらうための報告会を計画した。この際、報告会はできる限り多くの方々に参加いただけるよう東京国立博物館と九州国立博物館の二館での開催をお願いした。幸い両館では私たちの趣旨を理解していただき、二〇一六年二月六日に東京国立博物館平成館大講堂、二月一四日に九州国立博物館ミュージアムホールで「海底に眠る元寇《げんこう》沈没船の謎」と銘打った報告講演会を開催することができた。

東京国立博物館では初めに銭谷眞美館長と大城肇琉球大学長の挨拶があり、「鷹島海底遺跡の調査・研究と鷹島一・二号沈没船の発見」の基調報告を私が行った。その後、滝野義幸さんが「海底音波探査手法と元寇沈没船の発見」、船田善之さんが「モンゴル帝国の世界戦略とモンゴル襲来」、後藤雅彦さんが「東アジアの沈没船と出土遺物」、今津節生さんが「鷹島海底遺跡出土遺物を科学する」の報告を行った。九州国立博物館では島谷弘幸館長と大城学長および友広郁洋松浦市長の挨拶の後、再び基調報告を私が行い、続いて楮原京子さんが「海底堆積層形成過程から見た鷹島海底遺跡」、佐伯弘次さんがモンゴル襲来と鷹島海底遺跡」、森平雅彦さんが「モンゴルの日本侵攻と高麗の軍需調達問題」、柳田明進さんが「鷹島海底遺跡における元寇遺物の保存をめぐる諸問題」、中田敦之さんが「鷹島神崎遺跡の国史跡指定化と活用」の報告を行った。東京国立博物館には約二二〇名、九州国立博物館には約二六〇名の聴講者があり、私たちの調査研究に対する関心の高さを実感するとともに、今後の継続的展開を図ることについての思いを新たにした。

研究成果報告書の作成

東京国立博物館と九州国立博物館での研究成果報告講演会の開催準備とともに、五年間の科学研究費補助金を受けた調査研究について最終報告書を編集する作業を進めた。報告書には鷹島一・二号沈没船の調査成果とこれに対する分析に加えて、これまで研究に参加した研究者の関連論考を採録した。東京国立博物館と九州国立博物館での講演会で行った各研究者の報告は基本的にこの最終報告書に採録した論文の要点をまとめた内容である。報告書は二〇一六（平成二八）年三月末に完成し、足掛け一〇年間に及んだ研究の総まとめとして、これまでに刊行したすべての報告書や出版物とともに一つの箱に納め、全国の関連する大学や博物館、教育委員会などに発送した。報告書の刊行と配布により科学研究費補助金の採択を受けた研究に一つの区切りをつけることができた。

科学研究費補助金による調査研究報告書の刊行は私たちの調査研究の終了ではない。鷹島一・二号沈没船調査区にはそれぞれ水温計、酸素濃度計、塩分濃度計、照度計を設置してあり、これを用いた年間を通じての

海底環境モニタリング調査

環境モニタリング調査を現在も続けていることはその表れである。この環境モニタリング調査で明らかになりつつあることは鷹島海底遺跡が位置する伊万里《いまり》湾は比較的閉鎖性が高いことである。このため、降雨量が多い時期には湾内に流れ込んだ雨水によって塩分濃度が下がる傾向がみられる。また、鷹島一・二号沈没船を現地保存している水深二〇㍍《メートル》前後の海底面上では海藻による光合成や潮流による攪拌《かくはん》によって海水中に酸素が供給され、生物が生息しやすい環境となる。これに対して、海底堆積層では表層近くの溶存酸素量が多いものの、海底面下約四〇㌢《センチ》以下では溶存酸素量がほとんどなくなる。また、海底堆積層中の溶存酸素量は夏場には減少し、冬場には上昇することが明らかとなった。これは夏場には海水温の上昇などの影響で海底堆積層中に生息する微生物の活動が活性化し、溶存酸素の消費が進むことによって起こる現象と考えられる。

これらの知見は鷹島海底遺跡で沈没した元軍船の船体が海底面下の堆積層中に埋れた状態でのみ発見されることの理由を知る大きな手がかりとなった。元軍船船体が劣化する最大の原因はフナクイムシによる蚕食《さんしょく》であるが、フナクイムシは生息のために酸素を必要

とする生物であり、酸素のない環境では生きられない。そこで、蒙古《もうこ》襲来の際の伊万里湾の状況を推測すれば、海底面に大量の元軍船が累々と折り重なった状態で沈んでおり、船体木材はフナクイムシの格好の餌食《えじき》となったと考えられる。通常では起こりえない膨大な量の木材が一夜にして海底に沈んだ状態の伊万里湾は、フナクイムシにとって空前のバブル期が到来したような環境であったに違いない。フナクイムシが大量に発生し、海底に沈んだ元軍船船体を次々と蚕食していったことが想定される。

しかし、海底面下の堆積層深く潜り込んだ船体や木製椗《いかり》の場合には周辺の堆積層内に含まれる溶存酸素がないため、溶存酸素が含まれる堆積層表層部分に潜り込んだ木材まではフナクイムシによる蚕食が進むものの、それ以下には進まない。このため、海底堆積層深く潜り込んだ元軍船船体や木製椗はフナクイムシの蚕食から免れ、辛うじて現在まで残っているのである。

このことは発掘した元軍船を調査後に現地で保存する手法を考えるうえでも重要である。発掘調査した元軍船は元々海底面下一《メートル》前後の海底堆積層に埋れており、発掘前までは溶存酸素が存在しない環境にあった。この環境にあったことがフナクイムシの蚕食から免れてきた最大の理由である。この知見に基づき、これらの船体木材や木製椗については発掘調査の後、銅網や砂嚢《さのう》袋、防水シートなどを用いた現地保存策を講じてきた。しかし、環境モニタリング調査で得られた海底環境変化の視点からは、堆積層内に埋れていた状態と比較した場合、フナクイムシが生息するのに必要な酸素が供給されやすい環境に近づいていることは否めない。

木材劣化観察モニタリングの実施

そこで、二〇一五（平成二七）年度から木材と銅および鋼鉄板を用いた新たなモニタリングキットを製作し、鷹島二号沈没船の調査区内に設置して、私たちの研究チームで採用した埋め戻し手法および埋め戻し深度でのフナクイムシの活動状況を継続的に観察する実験を進めていることは前述したとおりである。その成果の一部についても前章で触れたが、海水と接した状態の木片には瞬く間にフナクイムシが取り付くのに対して、砂嚢袋で厳重に覆った木片への侵食は比較的穏やかであることが確認されつつある。しかし、現在、採用している鷹島一・二号沈没船および大型木製椗の現地保存手法ではフナクイムシの蚕食を完全に防止できている状態ではない。

鷹島一・二号沈没船周辺の環境モニタリング調査と、鷹島一号船調査区内に設置した埋め戻し手法と埋め戻し深度による木材へのフナクイムシ防止モニタリング実験は私たちの研究チームにとって、発掘した元軍船の現地保存をどのように進めていくのかという新たな研究課題を提起しているのである。

元軍船引き揚げの課題

私たちの研究チームでは研究の最終目的として、発見した元軍船を海底から引き揚げて保存処理を施した後、博物館などの施設で展示公開し、多くの方々に元軍船と蒙古襲来について理解を深めてもらうことを目指している。しかし、調査研究を進める過程で、元軍船を引き揚げるには解決しなければならない問題がいくつも立ち起こってきたため、未だにこれを果たしていない。

問題の一つ目は資金である。私たちの研究チームは科学研究費補助金を受けて鷹島海底遺跡での調査研究を進めてきた。その結果、元軍船を検出する水中考古学的調査手法を確立するとともに、二艘の元軍船を検出し、ほかにも元軍船が埋れている海底の数地点を確認することまでは到達した。検出した二艘の元軍船は船底部分を中心として多くの部材が残っており、その周辺から一号船では磚《せん》や陶磁器、二号船では大量のバラストと思われる石材が見つかっている。これらの遺物や船体を引き揚げるためには長期にわたる水中作業と保存処理作業が必要である。私たちの研究チームではこれを予測した調査研究計画を立ててはいたものの、潤沢な予算を確保していたわけではなかった。このため、もし引き揚げに着手したとすれば資金が尽きたことが予測され、場合によっては作業を途中で中断した状態で次の資金の調達を図らなければならなかった可能性が考えられる。船体引き揚げには私たちが用意した以上の資金が必要なのである。

問題の二つ目は引き揚げた後の保存処理施設である。私たちの調査研究は松浦市教育委員会との緊密な連携に支えられて進めており、もし元軍船を引き揚げた場合には松浦市が所有する施設で保存処理を行うことを前提としていた。しかし、松浦市の保存処理施設には私たちの調査以前に引き揚げた木材を中心とする遺物が今も未処理の状態で大量に保管されている。このため、その保存処理を終えなければ新たに引き揚げる遺物の保存処理はできない状況にある。また、未処理のままに保管されている木材遺物は大型木材が多く、松浦市の現有施設ではそのまま処理することができない大きさである。この既存大型木材の保存処理が進まない限り、鷹島一・二号沈没船や大型木製椗の新たな引き揚げは物理的に困難な状況なのである。

問題の三つ目は鷹島一号沈没船に見られる漆喰《しっくい》である。鷹島一号沈没船では船体の中心をなす竜骨《りゅうこつ》と船底を構成する外板《がいはん》材の間に漆喰が充塡された状態で良好に残っている。船体を引き揚げる場合、漆喰も良好な状態を維持したまま引き揚げることが求められるが、漆喰はねじれや撓《たわ》みに弱く、引き揚げる際の保全手法はかなり難しいことが予測されている。また、竜骨木材とこれに密着する漆喰の保存処理は同時に行わざるを得ないと考えているが、現在の保存処理技術ではこれを確実に行う技術的な裏付けがない。仮に分離してその保存処理を考える場合には竜骨から良好な状態を維持したまま漆喰を取り外さなければならないが、この分離技術は今のところ認められない。さらに海底から引き揚げた漆喰の保存処理技術についての情報もほとんど存在しない。したがって、鷹島一号沈没船の引き揚げを考えるならば、この漆喰の問題を事前に解決しておかなければならないのである。

問題の四つ目は引き揚げを行った後の元軍船の公開活用の場である。保存処理とともに、引き揚げ後の元軍船の公開活用は鷹島海底遺跡を管理する松浦市で行うことを前提としている。このためには松浦市や長崎県、文化庁を含めた行政機関の間で公開施設や公開手法に関するしっかりとした将来計画が必要となる。採択期間が限られている科学研究費補助金による研究を行っている私たちの研究チームではこのための長期計画を立案し、提言の形で提案した。しかし、科学研究費補助金のみでこれを具現化することは到底困難であり、行政による長期的ビジョンを踏まえた施設の設置や施策の立案に期待せざるを得ないのである。

文化庁水中遺跡調査検討委員会

二〇一二（平成二四）年三月の鷹島神崎《こうざき》遺跡を国史跡に指定した文化庁では翌一三年三月に国としての水中遺跡への対応を協議する「水中遺跡調査検討委員会」を設置した。委員にはこれまで鷹島海底遺跡のさまざまな問題に関わってきた西谷正さんや坂井秀弥さん、今津節生さん、高妻洋成さんや私に加えて、林田憲三さん、木村淳東海大学特任講師、中世考古学の第一人者である小野正敏さん、佐藤信東京大学教授、木下尚子熊本大学教授などの学術経験者、御堂島正神奈川県文化遺産課長、伊崎俊秋福岡県文化財保護課長などの行政担当者、海洋探査専門家の土屋利雄海洋開発研究機構観測技術担当役が参加していた。

「文化庁水中遺跡調査検討委員会」では五年間をかけて水中遺跡の取り扱いに関する国内外の法令や組織のあり方に関する調査と検討を行い、二〇一七年一〇月にこれをまとめた『水中遺跡保護の在り方について』（報告）を刊行した。本報告書は今後の日本における水中遺跡の行政的取り扱いに関する指針となる。なお、これを受けて文化庁では二〇一八（平成三〇）年度から引き続き第二期の「水中遺跡調査検討委員会」を設置し、三年間をかけて『発掘調査のてびき　水中遺跡調査マニュアル編』の作成を行うことになった。新たに作成する『発掘調査のてびき　水中遺跡調査マニュアル編』は日本における水中遺跡の具体的な調査マニュアルとすることを念頭においている。このなかで、私たちの研究チームにはこれまで進めてきた鷹島海底遺跡での調査研究についてのさまざまな情報を提供することが求められている。

一方、二〇一二（平成二四）年三月の鷹島神崎遺跡の国史跡指定を受けて、遺跡の管理団体となった松浦市は同年四月一日に教育委員会の編成替えを行い、文化財課を設置した。そして、鷹島神崎遺跡保存管理計画策定委員会を設置し、二〇一四（平成二六）年三月に『国指定史跡鷹島神崎遺跡保存管理計画書』を策定した。

松浦市水中考古学研究センターの設置

松浦市では『国指定史跡鷹島神崎遺跡保存管理計画書』を具現化するために、二〇一七（平成二九）年四月一日に松浦市立水中考古学研究センターを開設した。水中考古学研究センターは以前から設置されていた松浦市立鷹島歴史民俗資料館と埋蔵文化財センターを組織下に収め、松浦市として鷹島海底遺跡および出土遺物の保存・管理・公開・活用を一括して進めるとともに、水中考古学研究や水中遺跡の保護・活用に向けた啓蒙活動などについて積極的な取り組みを始めている。その一つとして、二〇一八年二月には「水中考古学公開セミナー」を開催しており、今後も継続な実施を予定している。当然、私たちの研究チームはこれに全面的な協力を行っている。

琉球大学水中文化遺産研究施設の開設

二〇一二（平成二四）年三月の鷹島神崎遺跡国史跡指定は松浦市と琉球大学との関係にも大きな変化をもたらした。同年六月四日に「国立大学法人琉球大学と長崎県松浦市との鷹島神崎遺跡に関する連携協定書」が締結され、これに基づいて「琉球大学・松浦市鷹島神崎遺跡発掘調査連携協議会」が設置された。同協議会は琉球大学副学長を会長、松浦市教育長を副会長とし、鷹島神崎遺跡を含む鷹島海底遺跡の調査研究について、両機関が協力して取り組む体制を構築した。また、「国立大学法人琉球大学と長崎県松浦市との鷹島神崎遺跡に関する連携協定書」締結式の席上で、友広郁洋松浦市長から大城肇琉球大学長に対して松浦市に水中考古学研究に関する琉球大学の関連施設設置の要請がなされた。

ちょうどその頃、琉球大学では文部科学省に対する二〇一二（平成二四）年度概算要求として、「水中から出土した遺物の保存処理及び分析調査に関する機器の整備」を提出しており、これが当初予算では不採択となったものの一二月補正予算で追加採択となった。そこで、文部科学省や松浦市と調整を行い、松浦市立鷹島埋蔵文化財センターおよび鷹島公民館の施設の一部を借用し、同予算で購入した機器を設置する「琉球大学水中文化遺産研究施設」を開設することになった。同施設の開所式は二〇一四年三月二七日に開催され、私たちの研究チームが一部を引き揚げた鷹島一・二号船調査の際の遺物をはじめとして、これまでの調査で出土していた鷹島海底遺跡出土遺物の保存処理作業や分析研究を開始している。また、「琉球大学・松浦市鷹島神崎遺跡発掘調査連絡協議会」はその後も定期的に開催されており、鷹島海底遺跡に関する調査研究の実施についてだけでなく、人材育成を含めたより実質的な協力関係の構築を進めている。

新たな科学研究費補助金の採択

二〇一六（平成二八）年三月に科学研究費補助金による研究が終了した後も私たちの研究チームでは引き続き鷹島海底遺跡についての調査研究に関わり続けてきた。これは科学研究費補助金による研究で開始した鷹島一・二号沈没船調査区域での環境モニタリング調査や木材へのフナクイムシ防止モニタリング実験を継続的に進める必要があったことや、松浦市による鷹島海底遺跡の保存・管理事業が進められ、これに私たちの研究チームの研究成果の提供が求められたことによる。遺跡の管理活用は遺跡を管理する行政体が主体となって進めるあり方については松浦市が積極的に取り組み、私たちの研究チームがこれに対してさまざまな分野で協力する体制が創出されたのである。

このような鷹島海底遺跡を取り巻く活動のなかで、先に触れた元軍船引き揚げに関する問題を含めた課題の多くは未解決のまま残されている。そのなかには行政的取り組みではなく、学術研究の課題として取り組まなければならない問題も多い。そこで、私たちの研究チームでは二〇一八年度科学研究費補助金基盤研究（S）に三たび目となる「蒙古襲来沈没船の保存・活用に関する学際研究」を申請し、三年間の採択が決定した。この研究では鷹島一・二沈没船のより完全な現地保存手法の検討、そして元軍船を含めた大型木材に関するより簡便で短期間の保存処理技術の検討、さらに現在は海底での現地保存を図っているため簡単には視認できない鷹島一・二号沈没船について最新の映像技術によるさまざまな活用手法の検討などを目的に掲げている。

蒙古襲来は中世東アジアで起こった歴史的出来事であるだけでなく、人類史上最大の海難事件でもある。その実態の解明は世界的課題であり、鷹島海底遺跡での水中考古学的調査研究の進展に委ねられている。

私たちの研究はその扉を開け、さらに新たなステージへ進もうとしている。

あとがき

鷹島海底遺跡において私たちの研究チームが進めてきた調査研究は決して平坦な道のりを歩んできたわけではない。元軍船二艘を確認する成果をあげているが、これは調査手法についてのさまざまな模索を重ねるなかで、ようやく蒙古襲来関係遺物の代表的存在である元軍船を確認する水中考古学的調査手法に到達した結果にすぎない。元軍船の発見は全国的なニュースとして取り上げられたが、むしろ私たちのなかでは元軍船の発見よりも元軍船発見に至るまでの過程が重要であり、今も鮮烈な記憶として残っている。元軍船をはじめとする蒙古襲来関係遺物を見つけるにはどうすればよいかを考え、海底地形図の作成や地層堆積情報の蓄積を図り、その分析に基づいて広大な伊万里湾海底のなかから調査対象となる海域を選定し、突き棒調査や試掘調査を行って元軍船に到達する。その過程こそが、多くの失敗を重ねながらそれを乗り越えるための創造性に富んだ時間を過ごすことのできる至福の経験だったのである。本書からそのような私たちの姿を読み取っていただければ幸いである。

また、これまでの研究の過程では多くの人々の参加と協力をいただいた。科学研究費補助金による研究の分担者、協力者はもとより調査に参加いただいた国富株式会社長崎営業所の作業ダイバーのみなさん、伊万里湾での調査に協力いただいた新松浦漁業協同組合や金子産業株式会社、調査地である鷹島のみなさん、伊万里海上保安署、そしてともに調査研究の推進を図っていただいた松浦市役所および松浦市教育委員会、長崎県教育庁学芸文化課および文化庁記念物課のみなさん、現地での取材に当たっていただいた報道関係者のみなさん、できれば一人ひとりの名前を記して感謝の気持ちを表したい思いで一杯である。

しかし、私たちの調査研究は未だ終了したわけではない。鷹島海底遺跡、そして蒙古襲来の実態解明には、取り組まなければならない課題がまだまだ多く残されている。むしろ本書はこれまでの調査研究の内容をまとめるとともに、これからの方向性を見据えるための道標である。これまで参加・協力いただいたみなさんに感謝申し上げるとともに、新たな調査研究の一歩をともに踏み出してくださるよう心からお願いしたい。

なお、本書は二〇一八（平成三〇）年度の琉球大学内地研修制度を利用して半年間の研修を受け入れいただいた国立歴史民俗博物館で完成することができた。研修を許していただいた国立歴史民俗博物館と直接の窓口を引き受けいただいた村木二郎准教授に厚く御礼申し上げたい。また、同館での研修に快く送り出してくれた琉球大学旧法文学部人間科学科地理歴史人類学専攻の同僚と学生たち及び琉球大学に感謝したい。本書はこれら多くの方々のご協力の結晶であることを肝に銘じておきたい。

最後に、私たちの鷹島海底遺跡における調査研究を忍耐強く見守りながら、日本の水中考古学の未来を私たち後進に託して亡くなった故荒木伸介先生に本書を献じたいと思う。

二〇一八年八月

池　田　榮　史

参考文献

朝日新聞社『七〇〇年のロマン　海から甦る元寇』一九八一年
荒木伸介「水中考古学」『考古学ライブラリー』35、ニューサイエンス社、一九八五年
池内　宏『元寇の新研究』一・二、東洋文庫、一九三一年
石井正敏「文永八年来日の高麗使について―三別抄の日本通交資料の紹介―」『東京大学史料編集所報』一二、一九七八年
宇野隆夫「第一章　船と港」『シルクロード学研究二三　中国沿海地帯と日本の文物交流―港・船と物・心の交流―』シルクロード学研究センター、二〇〇五年
江差町教育委員会『開陽丸　海底遺跡の発掘調査報告書Ⅰ』一九八二年
太田弘毅『蒙古襲来―その軍事史的研究―』錦正社、一九九七年
川添昭二『蒙古襲来研究史論』雄山閣出版、一九七七年
韓国文化財庁・国立海洋文化財研究所「泰安馬嶋二号船」『国立海洋文化財研究所学術叢書』二二（ハングル）、二〇一一年
同　　「泰安馬嶋三号船」『国立海洋文化財研究所学術叢書』二七（ハングル）、二〇一二年
木村　純「沈没船遺跡の考古学」佐藤信編『水中遺跡の考古学』山川出版社、二〇一八年
財団法人開陽丸青少年センター『開陽丸』一九九〇年

佐伯弘次『日本の中世九　モンゴル襲来の衝撃』中央公論社、二〇〇三年
Jhon Perry Fish, H Arnold Carr, *Sound Underwater images* 一九九〇年原著、土屋利雄訳「サイドスキャンソーナーデータの作成と解析のためのガイドブック」二〇〇三年
鷹島町教育委員会『鷹島町文化財調査報告書第二集　鷹島海底遺跡Ⅲ（長崎県北松浦郡鷹島町神崎港改修工事に伴う緊急発掘調査報告書）』一九九六年
西谷　正『鷹島海底遺跡における元寇関係遺跡の調査・研究・保存方法に関する基礎的研究』平成元～三年度科学研究費補助金（総合研究Ａ）研究成果報告書、一九九二年
林　文理「碇石展―いかりの歴史―」『Facata（福岡市博物館だより）』一八、一九九四年
文化庁『遺跡保存方法の検討―水中遺跡―』二〇〇〇年
文化庁・水中遺跡調査検討委員会『水中遺跡保護の在り方について』（報告）二〇一七年
松浦市教育委員会『松浦市文化財調査報告書第二集　松浦市鷹島海底遺跡（平成十三・十四年度鷹島町神崎港改修工事に伴う緊急調査報告書）』二〇〇八年
同『松浦市文化財調査報告書第四集　松浦市鷹島海底遺跡　総集編』二〇一一年
同『国指定史跡鷹島神崎遺跡保存管理計画書』二〇一四年
松木　哲「沈船は語る」『アジアの中の日本史Ⅲ　海上の道』東京大学出版会、一九九二年
同「中国の船舶とその変容」『しにか』八―七、一九九七年
柳田明進・池田榮史・脇谷草一郎・高妻洋成「鷹島海底遺跡における鉄製遺物の腐食に及ぼす埋蔵深度および共存する木製遺物の影響」『考古学と自然科学』七四、日本文化財科学会、二〇一七年

山形欣也「歴史の海を走る—中国造船技術の航跡—」『図説中国文化百華』十六、農山漁村文化協会、二〇〇四年

なお、科学研究費補助金による調査研究報告書としては左記を刊行している。

池田榮史編『平成十八年度〜平成二二年度科学研究費補助金基盤研究（S）（課題番号・18102004）「長崎県北松浦郡鷹島周辺海底に眠る元寇関連遺跡・遺物の把握と解明」研究成果報告書』第一冊、二〇〇九年三月

『同研究成果報告書』第二冊（「北海道江差町開陽丸音波探査報告」）、二〇〇九年三月

『同研究成果報告書』第三冊（「最終報告書」）、二〇一一年三月

佐伯弘次編『平成十八年度〜平成二二年度科学研究費補助金基盤研究（S）（課題番号・18102004）「長崎県北松浦郡鷹島周辺海底に眠る元寇関連遺跡・遺物の把握と解明」報告書』（文献史料編）第一冊（《元寇》関係史料集（稿）Ⅰ日本史料編）、二〇一〇年三月

『同報告書』（文献史料編）第二冊（《元寇》関係史料集（稿）Ⅱ中国・朝鮮史料編）、二〇一〇年三月

『同報告書』（文献史料編）第三冊（《元寇》関係史料集（稿）Ⅲ日本史料・中国史料補遺編）、二〇一一年三月

池田榮史編『平成二三年度〜平成二七年度科学研究費補助金基盤研究（S）（課題番号・23222002）「水中考古学手法による元寇沈船の調査と研究」研究成果報告書』第一冊（「海底音波探査

成果報告書」)、二〇一三年三月
『同研究成果報告書』第二冊、二〇一五年三月
『同研究成果報告書』第三冊（「最終報告書」)、二〇一六年三月
『同研究成果報告講演会資料集』(「海底に眠る元寇沈没船の謎」）二〇一六年二月
佐伯弘次編『平成二三年度〜平成二七年度科学研究費補助金基盤研究（S）（課題番号・23222002）「水中考古学手法による元寇沈船の調査と研究」報告書』（文献史料編）第一冊（「東アジアにおけるモンゴル襲来関係地資料集」)、二〇一四年三月

本書の内容には右記の日本学術振興会科学研究費補助金基盤研究（S）（JSPS科研費JP18102004およびJP23222002）の助成による研究成果を含んでいる。

著者紹介

一九五五年、熊本県に生まれる
一九八一年、國學院大學大学院文学研究科日本史学専攻（考古学系）博士課程前期修了
現在、琉球大学国際地域創造学部教授

主要編著書
『古代中世の境界領域―キカイガシマの世界―』〈編〉（高志書院、二〇〇八年）
『東アジアの周縁世界』〈共編〉（同成社、二〇〇九年）
『ぶらりあるき沖縄・奄美の博物館』〈共著〉（芙蓉書房、二〇一四年）

歴史文化ライブラリー
478

海底に眠る蒙古襲来
水中考古学の挑戦

二〇一八年（平成三十）十二月一日　第一刷発行

著　者　池《いけ》田《だ》榮《よし》史《ふみ》
発行者　吉川道郎
発行所　株式会社 吉川弘文館
東京都文京区本郷七丁目二番八号
郵便番号一一三―〇〇三三
電話〇三―三八一三―九一五一〈代表〉
振替口座〇〇一〇〇―五―二四四
http://www.yoshikawa-k.co.jp/
印刷＝株式会社 平文社
製本＝ナショナル製本協同組合
装幀＝清水良洋・高橋奈々

ISBN978-4-642-05878-0

歴史文化ライブラリー

1996.10

刊行のことば

現今の日本および国際社会は、さまざまな面で大変動の時代を迎えておりますが、近づきつつある二十一世紀は人類史の到達点として、物質的な繁栄のみならず文化や自然・社会環境を謳歌できる平和な社会でなければなりません。しかしながら高度成長・技術革新にともなう急激な変貌は「自己本位な刹那主義」の風潮を生みだし、先人が築いてきた歴史や文化に学ぶ余裕もなく、いまだ明るい人類の将来が展望できていないようにも見えます。このような状況を踏まえ、よりよい二十一世紀社会を築くために、人類誕生から現在に至る「人類の遺産・教訓」としてのあらゆる分野の歴史と文化を「歴史文化ライブラリー」として刊行することといたしました。

小社は、安政四年（一八五七）の創業以来、一貫して歴史学を中心とした専門出版社として書籍を刊行しつづけてまいりました。その経験を生かし、学問成果にもとづいた本叢書を刊行し社会的要請に応えて行きたいと考えております。

現代は、マスメディアが発達した高度情報化社会といわれますが、私どもはあくまでも活字を主体とした出版こそ、ものの本質を考える基礎と信じ、本叢書をとおして社会に訴えてまいりたいと思います。これから生まれでる一冊一冊が、それぞれの読者を知的冒険の旅へと誘い、希望に満ちた人類の未来を構築する糧となれば幸いです。

吉川弘文館

歴史文化ライブラリー

歴史文化ライブラリー

中世史

歴史文化ライブラリー

神や仏に出会う時 中世びとの信仰と絆——大喜直彦
神風の武士像 蒙古合戦の真実——関 幸彦
鎌倉幕府の滅亡——細川重男
足利尊氏と直義 京の夢、鎌倉の夢——峰岸純夫
高 師直 室町新秩序の創造者——亀田俊和
新田一族の中世「武家の棟梁」への道——田中大喜
地獄を二度も見た天皇 光厳院——飯倉晴武
東国の南北朝動乱 北畠親房と国人——伊藤喜良
南朝の真実 忠臣という幻想——亀田俊和
中世の巨大地震——矢田俊文
大飢饉、室町社会を襲う！——清水克行
贈答と宴会の中世——盛本昌広
中世の借金事情——井原今朝男
庭園の中世史 足利義政と東山山荘——飛田範夫
出雲の中世 地域と国家のはざま——佐伯徳哉
土一揆の時代——神田千里
山城国一揆と戦国社会——川岡 勉
中世武士の城——齋藤慎一
戦国の城の一生 つくる・壊す・蘇る——竹井英文
武田信玄——平山 優
歴史の旅 武田信玄を歩く——秋山 敬
戦国大名の兵粮事情——久保健一郎
戦乱の中の情報伝達 使者がつなぐ中世京都と在地——酒井紀美
戦国時代の足利将軍——山田康弘
室町将軍の御台所 日野康子・重子・富子——田端泰子
名前と権力の中世史 室町将軍の朝廷戦略——水野智之
戦国貴族の生き残り戦略——岡野友彦
鉄砲と戦国合戦——宇田川武久
検証 長篠合戦——平山 優
織田信長と戦国の村 天下統一のための近江支配——深谷幸治
よみがえる安土城——木戸雅寿
検証 本能寺の変——谷口克広
加藤清正 朝鮮侵略の実像——北島万次
落日の豊臣政権 秀吉の憂鬱、不穏な京都——河内将芳
豊臣秀頼——福田千鶴
偽りの外交使節 室町時代の日朝関係——橋本 雄
朝鮮人のみた中世日本——関 周一
ザビエルの同伴者 アンジロー 戦国時代の国際人——岸野 久
海賊たちの中世——金谷匡人
アジアのなかの戦国大名 西国の群雄と経営戦略——鹿毛敏夫
琉球王国と戦国大名 島津侵入までの半世紀——黒嶋 敏
天下統一とシルバーラッシュ 銀と戦国の流通革命——本多博之

歴史文化ライブラリー

近世史

歴史文化ライブラリー

歴史文化ライブラリー

昭和天皇とスポーツ 〈玉体〉の近代史——坂上康博
昭和天皇側近たちの戦争——茶谷誠一
大元帥と皇族軍人 大正・昭和編——小田部雄次
海軍将校たちの太平洋戦争——手嶋泰伸
植民地建築紀行 満洲・朝鮮・台湾を歩く——西澤泰彦
稲の大東亜共栄圏 帝国日本の〈緑の革命〉——藤原辰史
地図から消えた島々 幻の日本領と南洋探検家たち——長谷川亮一
日中戦争と汪兆銘《おうちょうめい》——小林英夫
自由主義は戦争を止められるのか 芦田均・清沢洌・石橋湛山——上田美和
モダン・ライフと戦争 スクリーンのなかの女性たち——宜野座菜央見
彫刻と戦争の近代——平瀬礼太
軍用機の誕生 日本軍の航空戦略と技術開発——水沢 光
首都防空網と〈空都〉多摩——鈴木芳行
帝都防衛 戦争・災害・テロ——土田宏成
陸軍登戸研究所と謀略戦 科学者たちの戦争——渡辺賢二
帝国日本の技術者たち——沢井 実
〈いのち〉をめぐる近代史 堕胎から人工妊娠中絶へ——岩田重則
強制された健康 日本ファシズム下の生命と身体——藤野 豊
戦争とハンセン病——藤野 豊
「自由の国」の報道統制 大戦下の日系ジャーナリズム——水野剛也
敵国人抑留 戦時下の外国民間人——小宮まゆみ
銃後の社会史 戦死者と遺族——一ノ瀬俊也
海外戦没者の戦後史 遺骨帰還と慰霊——浜井和史
学徒出陣 戦争と青春——蜷川壽惠
〈近代沖縄〉の知識人 島袋全発の軌跡——屋嘉比 収
沖縄戦 強制された「集団自決」——林 博史
陸軍中野学校と沖縄戦 知られざる少年兵「護郷隊」——川満 彰
沖縄からの本土爆撃 米軍出撃基地の誕生——林 博史
原爆ドーム 物産陳列館から広島平和記念碑へ——頴原澄子
戦後政治と自衛隊——佐道明広
米軍基地の歴史 世界ネットワークの形成と展開——林 博史
沖縄 占領下を生き抜く 軍用地・通貨・毒ガス——川平成雄
考証 東京裁判 戦争と戦後を読み解く——宇田川幸大
昭和天皇退位論のゆくえ——冨永 望
ふたつの憲法と日本人 戦前・戦後の憲法観——川口暁弘
団塊世代の同時代史——天沼 香
鯨を生きる 鯨人の個人史・鯨食の同時代史——赤嶺 淳
丸山真男の思想史学——板垣哲夫
文化財報道と新聞記者——中村俊介

文化史・誌

落書きに歴史をよむ——三上喜孝
霊場の思想——佐藤弘夫

歴史文化ライブラリー

跋扈《ばっこ》する怨霊 祟りと鎮魂の日本史——山田雄司
将門伝説の歴史——樋口州男
藤原鎌足、時空をかける 変身と再生の日本史——黒田　智
変貌する清盛 『平家物語』を書きかえる——樋口大祐
鎌倉　古寺を歩く 宗教都市の風景——松尾剛次
空海の文字とことば——岸田知子
鎌倉大仏の謎——塩澤寛樹
日本禅宗の伝説と歴史——中尾良信
水墨画にあそぶ 禅僧たちの風雅——高橋範子
観音浄土に船出した人びと 熊野と補陀落渡海——根井　浄
殺生と往生のあいだ 中世仏教と民衆生活——苅米一志
浦島太郎の日本史——三舟隆之
〈ものまね〉の歴史 仏教・笑い・芸能——石井公成
戒名のはなし——藤井正雄
墓と葬送のゆくえ——森　謙二
仏画の見かた 描かれた仏たち——中野照男
運　慶 その人と芸術——副島弘道
ほとけを造った人びと 止利仏師から運慶・快慶まで——根立研介
〈日本美術〉の発見 岡倉天心がめざしたもの——吉田千鶴子
祇園祭 祝祭の京都——川嶋將生
洛中洛外図屛風 つくられた〈京都〉を読み解く——小島道裕

時代劇と風俗考証 やさしい有職故実入門——二木謙一
化粧の日本史 美意識の移りかわり——山村博美
乱舞の中世 白拍子・乱拍子・猿楽——沖本幸子
神社の本殿 建築にみる神の空間——三浦正幸
古建築修復に生きる 屋根職人の世界——原田多加司
古建築を復元する 過去と現在の架け橋——海野　聡
大工道具の文明史 日本・中国・ヨーロッパの建築技術——渡邉　晶
苗字と名前の歴史——坂田　聡
日本人の姓・苗字・名前 人名に刻まれた歴史——大藤　修
数え方の日本史——三保忠夫
大相撲行司の世界——根間弘海
日本料理の歴史——熊倉功夫
吉兆　湯木貞一 料理の道——末廣幸代
日本の味　醤油の歴史——林　玲子・天野雅敏編
中世の喫茶文化 儀礼の茶から「茶の湯」へ——橋本素子
天皇の音楽史 古代・中世の帝王学——豊永聡美
流行歌の誕生 「カチューシャの唄」とその時代——永嶺重敏
話し言葉の日本史——野村剛史
「国語」という呪縛 国語から日本語へ、そして〇〇語へ——川口　良・角田史幸
柳宗悦と民藝の現在——松井　健
遊牧という文化 移動の生活戦略——松井　健

歴史文化ライブラリー

マザーグースと日本人――鷲津名都江
金属が語る日本史 銭貨・日本刀・鉄炮――齋藤　努
書物と権力 中世文化の政治学――前田雅之
書物に魅せられた英国人 フランク・ホーレーと日本文化――横山　學
災害復興の日本史――安田政彦

民俗学・人類学

日本人の誕生 人類はるかなる旅――埴原和郎
倭人への道 人骨の謎を追って――中橋孝博
神々の原像 祭祀の小宇宙――新谷尚紀
役行者と修験道の歴史――宮家　準
鬼の復権――萩原秀三郎
幽霊 近世都市が生み出した化物――髙岡弘幸
雑穀を旅する――増田昭子
川は誰のものか 人と環境の民俗学――菅　豊
名づけの民俗学 地名・人名はどう命名されてきたか――田中宣一
番 と 衆 日本社会の東と西――福田アジオ
記憶すること・記録すること 聞き書き論ノート――香月洋一郎
番茶と日本人――中村羊一郎
踊りの宇宙 日本の民族芸能――三隅治雄
柳田国男 その生涯と思想――川田　稔

世界史

中国古代の貨幣 お金をめぐる人びとと暮らし――柿沼陽平
渤海国とは何か――古畑　徹
黄金の島 ジパング伝説――宮崎正勝
琉球と中国 忘れられた冊封使――原田禹雄
古代の琉球弧と東アジア――山里純一
アジアのなかの琉球王国――高良倉吉
琉球国の滅亡とハワイ移民――鳥越皓之
魔女裁判 魔術と民衆のドイツ史――牟田和男
フランスの中世社会 王と貴族たちの軌跡――渡辺節夫
ヒトラーのニュルンベルク 第三帝国の光と闇――芝　健介
人権の思想史――浜林正夫
グローバル時代の世界史の読み方――宮崎正勝

各冊一七〇〇円～二〇〇〇円（いずれも税別）
▽残部僅少の書目も掲載してあります。品切の節はご容赦下さい。
▽品切書目の一部について、オンデマンド版の販売も開始しました。
詳しくは出版図書目録、または小社ホームページをご覧下さい。